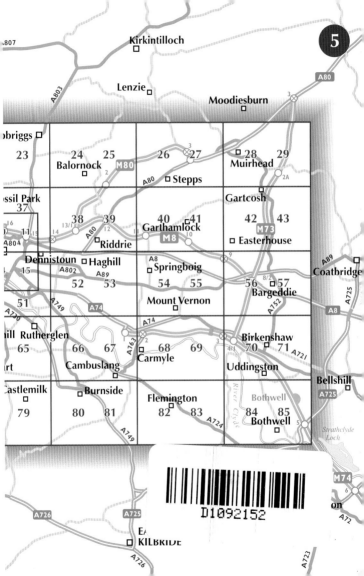

5

A807

Kirkintilloch

A80

A803

Lenzie

Moodiesburn 3

obriggs

23

24

25

Balornock

M80

2

26

27 3

28

29

Muirhead

A80

Stepps

2A

ssil Park

37

Gartcosh

A804

11

15

13/1

14

38

A80

39

12

40

41

Garthamlock

M8

10

42

43

M73

Riddrie

Easterhouse

Dennistoun

Haghill

A8

Springboig

A89

9

56

8/2

57

A89

Coatbridge

15

A802

52

53

54

55

Bargeddie

A752

A8

51

A749

A74

Mount Vernon

A725

hill Rutherglen

65

66

67

A763

2

68

69

3

4/1

70

71

A721

Birkenshaw

Cambuslang

Carmyle

Uddingston

Bellshill

A725

astlemilk

Burnside

Flemington

82

83

84

85

Bothwell

79

80

81

A724

Bothwell

5

River Clyde

Strathclyde Loch

A726

A725

A749

M74

6

EA KILBRIDE

A726

on

A72

A723

D1092152

Key to map symbols

M8	Motorway
▯▮▮	Motorway under construction
A74	Primary road dual / single
A89	A Road dual / single
B763	B Road dual / single
═══	Other road dual / single
▮▭▯	Road under construction
────	Road tunnel
──→	One-way street

Toll ┼	Toll
▬▬▬	Restricted access street
▬▬▬	Pedestrian street
═══	Minor road
═══	Track
_FB_	Footbridge
-------	Footpath
▬▬▬	Unitary authority boundary
▬▬▬	Postcode boundary

────	Railway line
──✕──	Level crossing
⊣ ⊢	Railway tunnel
──▧──	Main railway station

──✦──	Other railway station
ⓤ	Underground station
◗	Bus / Coach station
-------	Pedestrian ferry

◆	Leisure / Tourism
◆	Shopping / Retail
◆	Administration / Law
◆	Education

◆	Hospital
◆	Industry / Commerce
◆	Notable building
◆	Major religious building

■ Health centre	+ ☾ ☼	Church / Mosque / Synagogue
■Pol Police station	🎥	Cinema
■PO Post Office	🎭	Theatre
■Lib Library	🛈 ℹ	Tourist information centre (all year / seasonal)
■ Fire station / Crematorium / Ambulance station / Community centre	P	Car Park

Wood / Forest		Golf course
Park / Garden / Recreation ground		Cemetery
Public open space		Built up area

60⁵ National Grid number

59 Page continuation number

For general map abbreviations see list on page 88

Scale (pages 8-15): 5 inches to 1 mile (7.9 cm to 1 km)

0 1/4 1/2 mile
0 1/4 1/2 3/4 kilometre

Scale (pages 16-85): 3.2 inches to 1 mile (5 cm to 1 km)

0 1/4 1/2 3/4 1 mile
0 1/4 1/2 3/4 1 1 1/4 kilometres

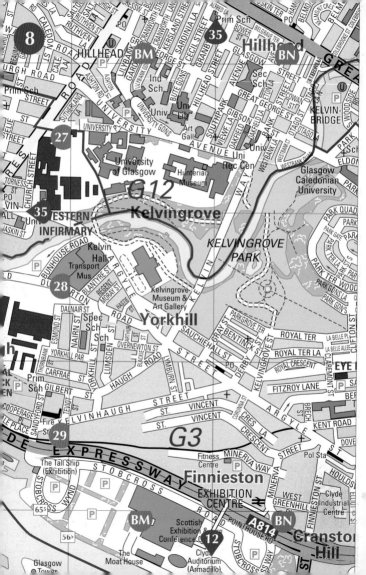

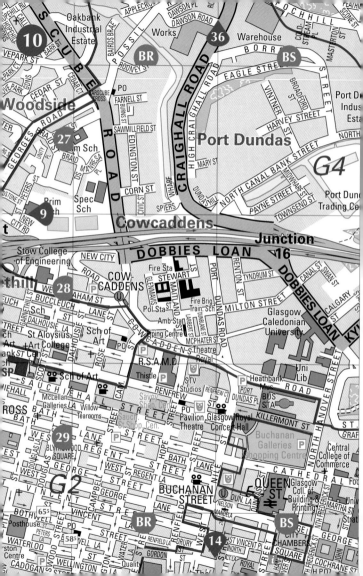

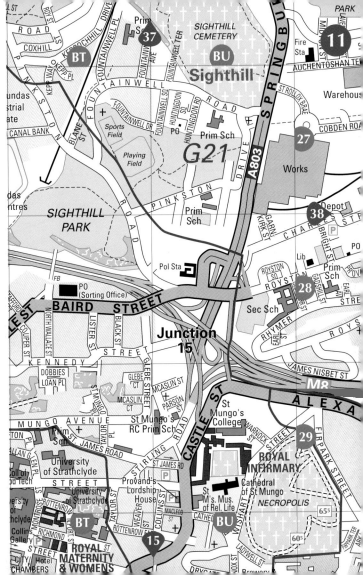

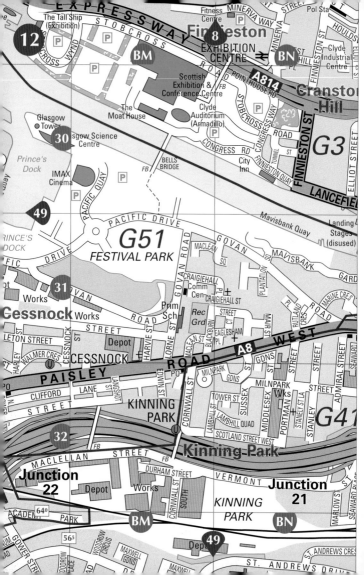

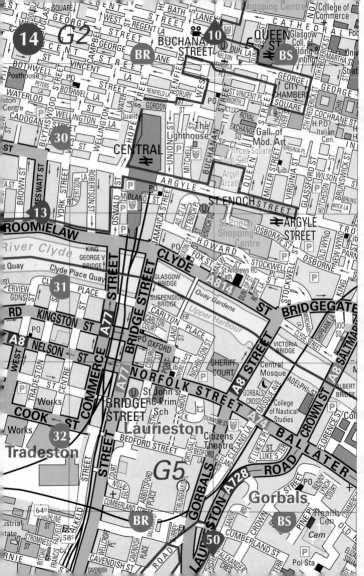

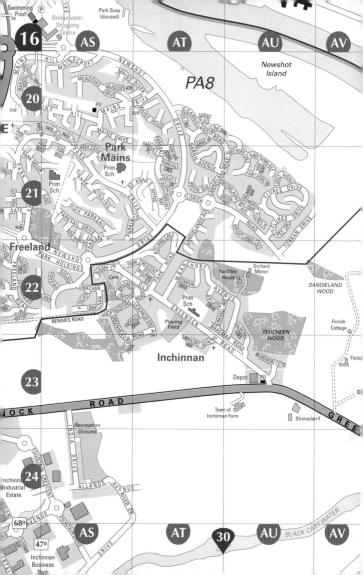

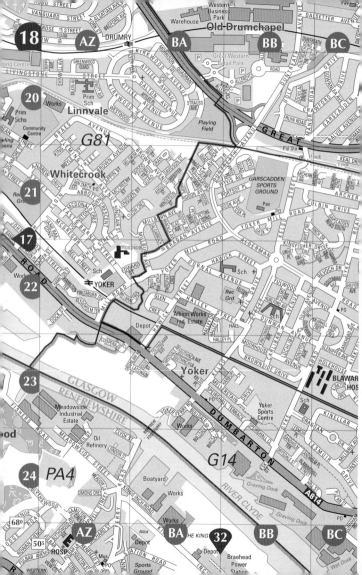

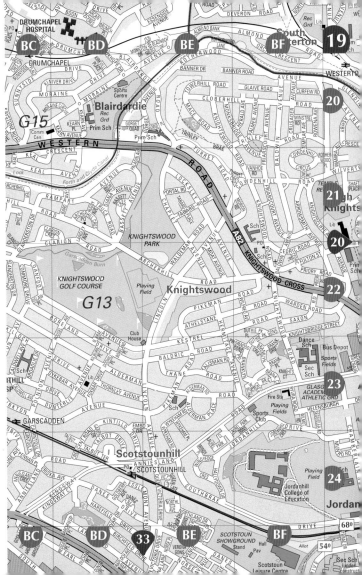

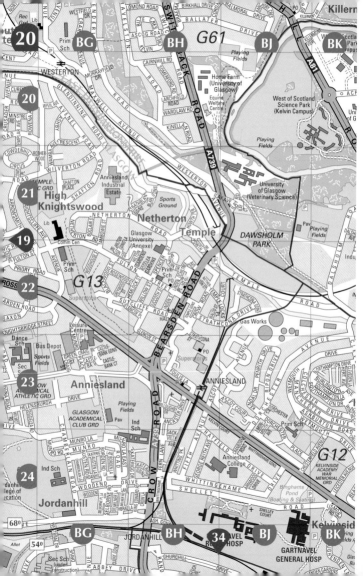

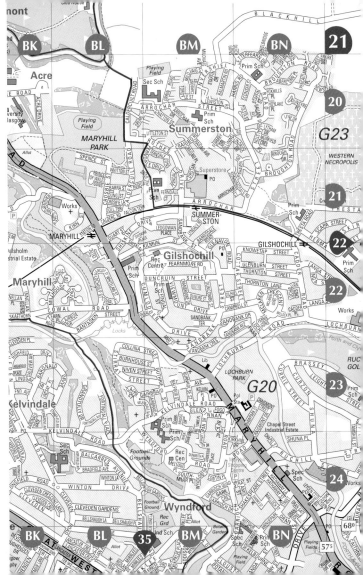

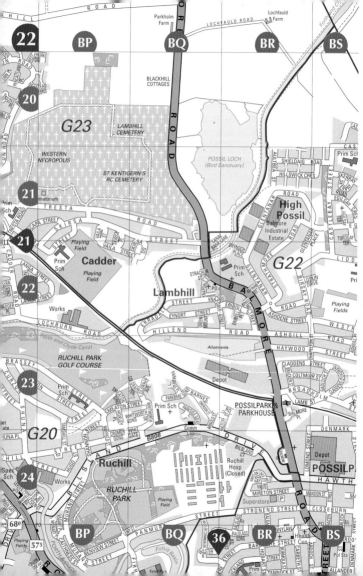

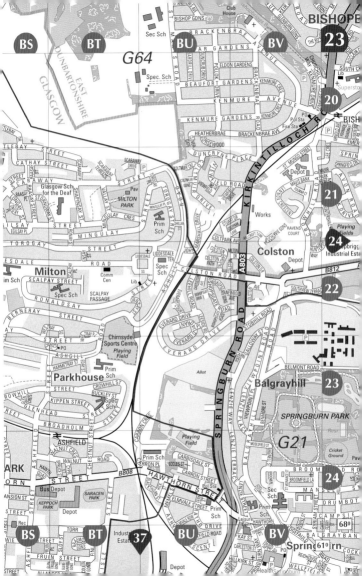

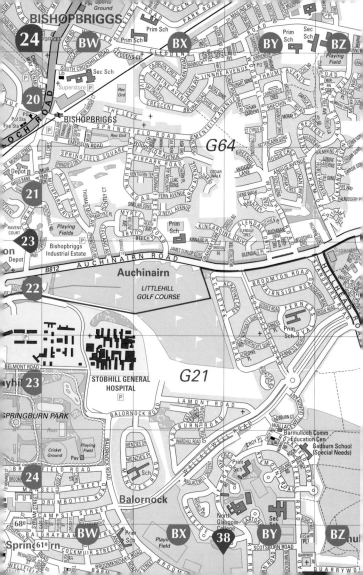

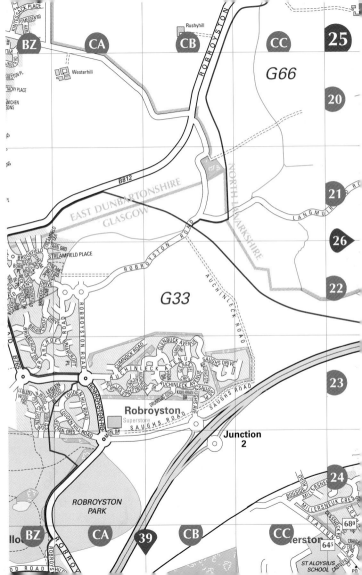

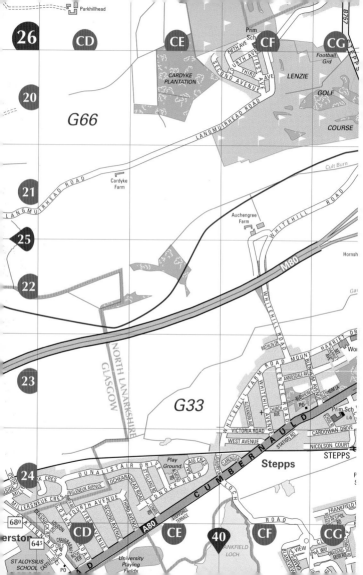

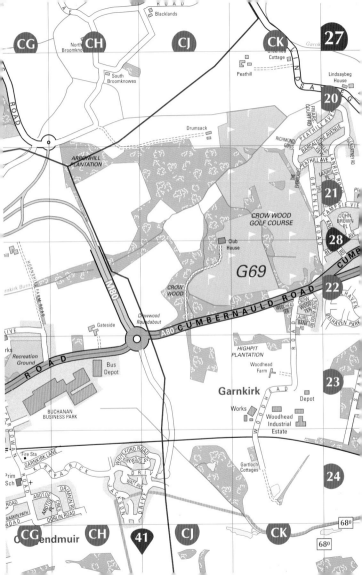

CP CQ CR CS **29**

20

Leckethill

BIRKENSHAW

21

Football
Ground

MIDTON
COTTAGES
Cloverhill

Avenuehead
Farm

AVENUEHEAD ROAD

ROAD

MCAVEL

PA3

Marnock

22

UNT ELLEN
LF COURSE

Club
House

GLENBOIG ROAD

Primary
School

THE OVAL

CHAPMAN AVE

GAYNE

23

DINYRA PL

GAINSIS ROAD

MARN

GLENBOIG ROAD

Johnston
House

JOHNSTON B804 ROAD

INCHNOCK AVE

Johnston
Farm

Playing
Field

Rec.
Ground

MANOR ROAD

KIRKHILL ROAD

WOODNEUK RD

Junction 2a

24

Garnc

CP Prim
Sch

CP CQ **43** CR CS

68⁰
71⁵

Works

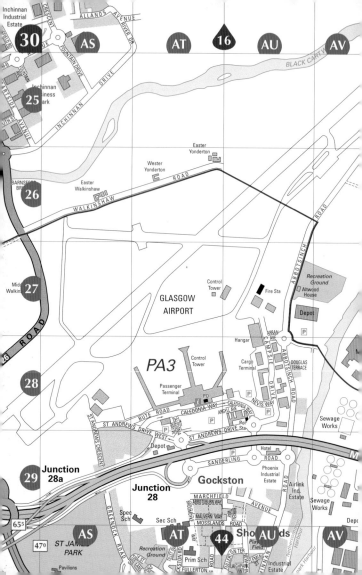

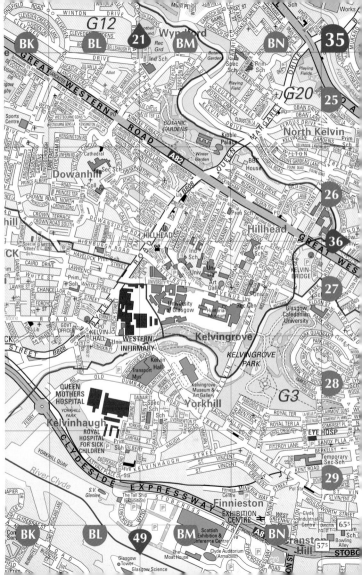

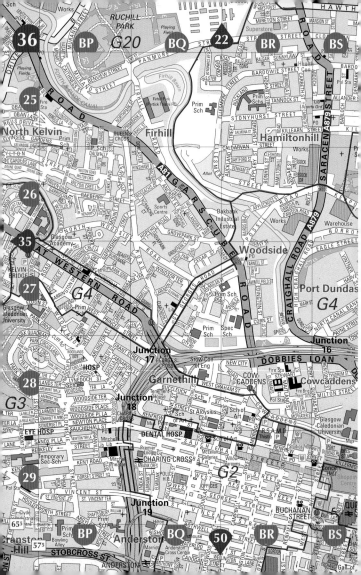

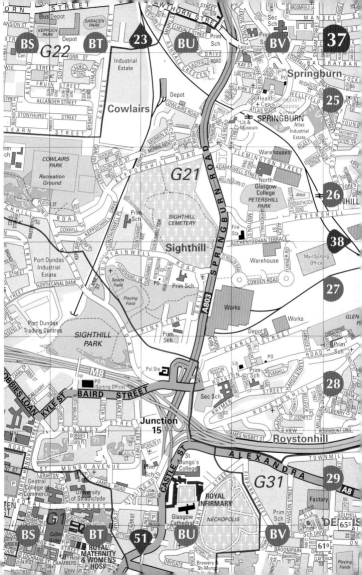

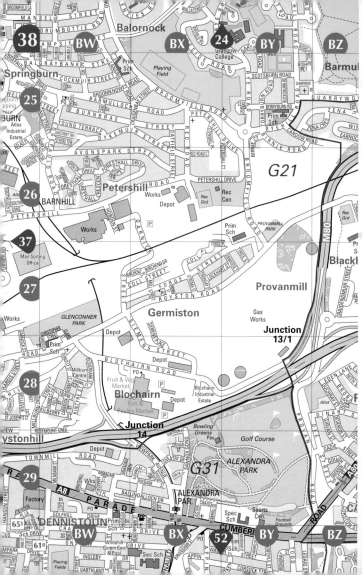

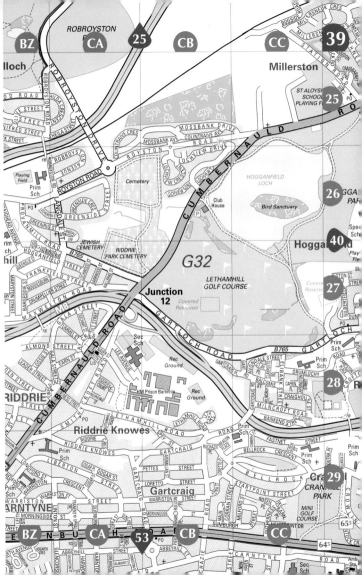

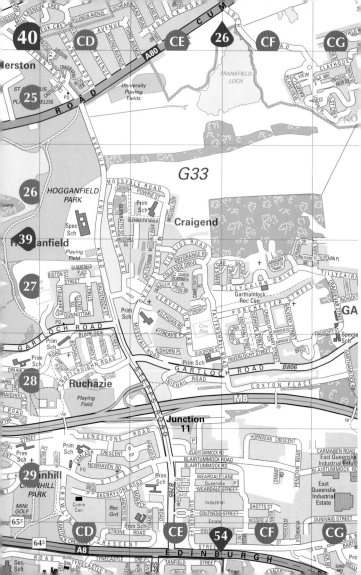

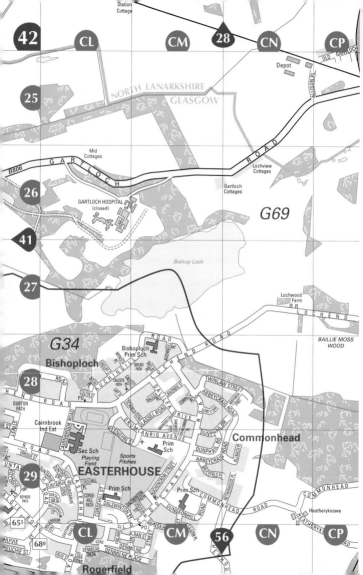

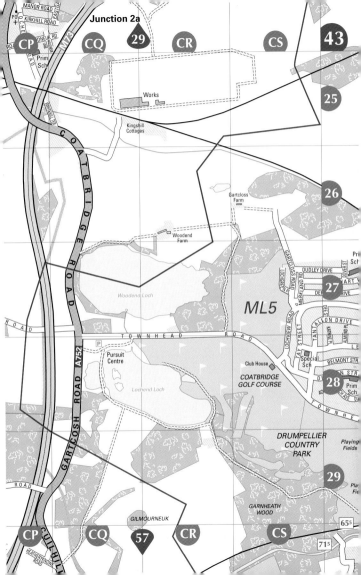

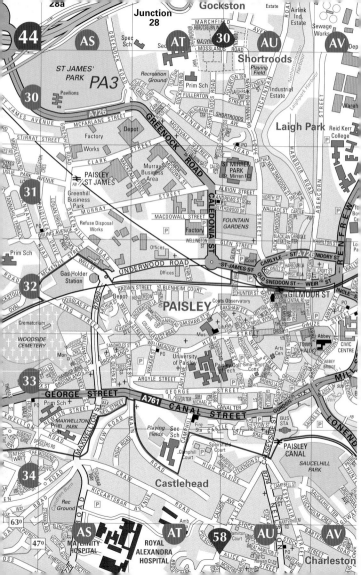

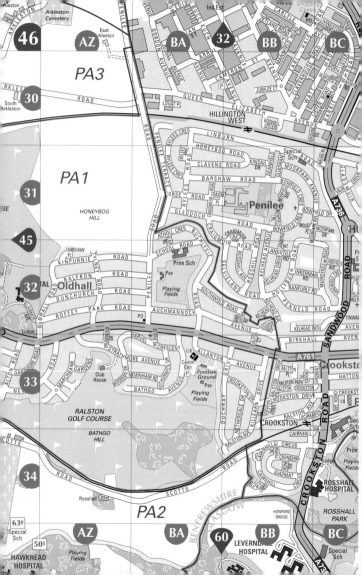

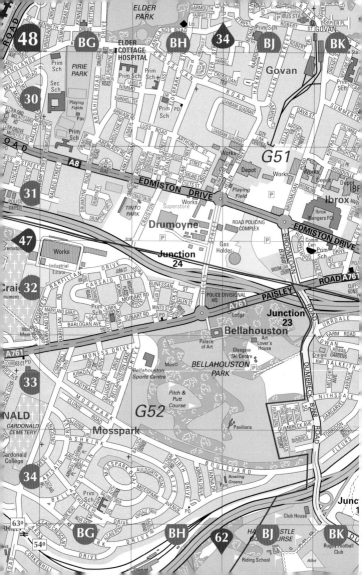

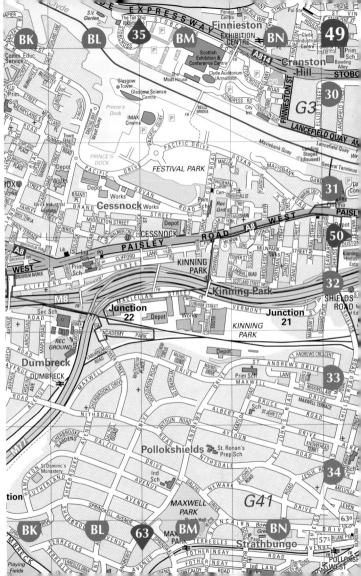

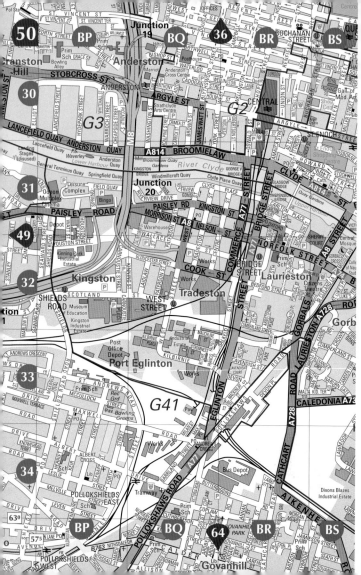

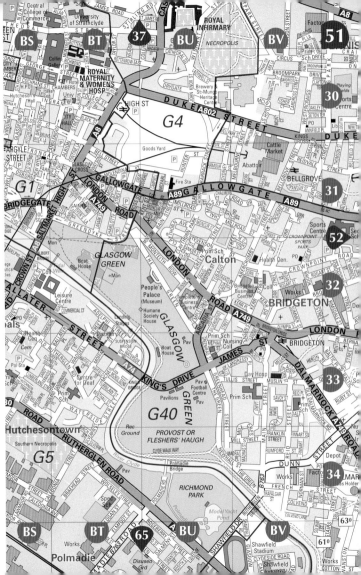

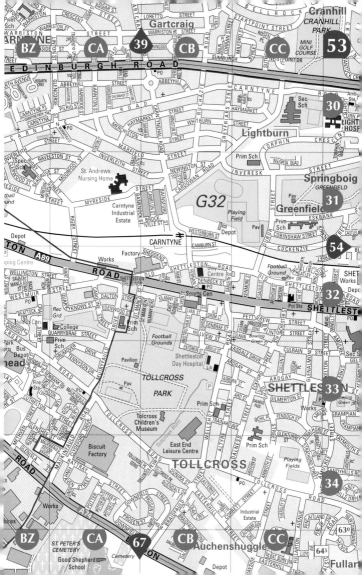

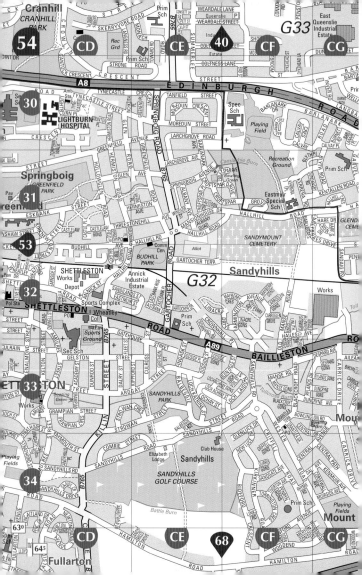

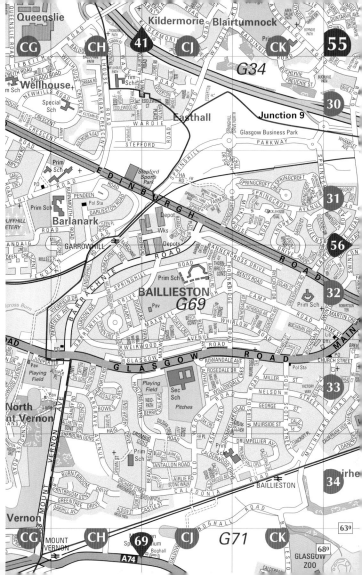

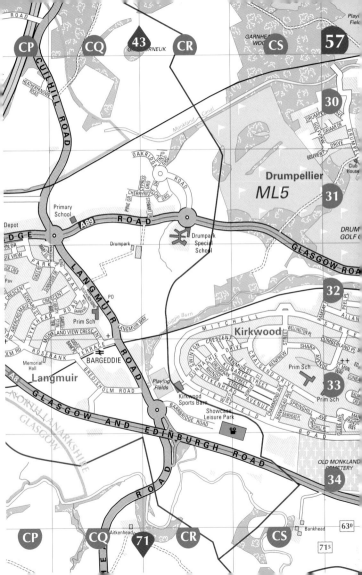

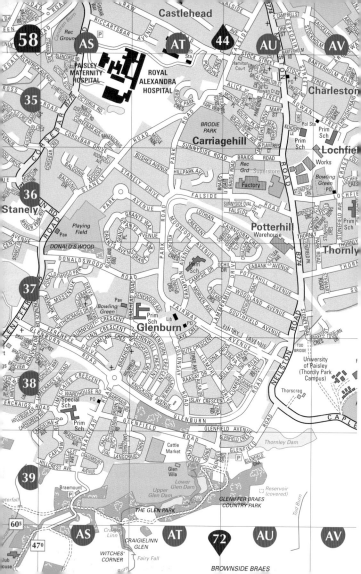

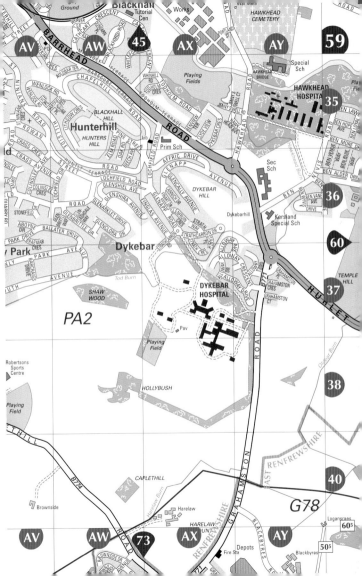

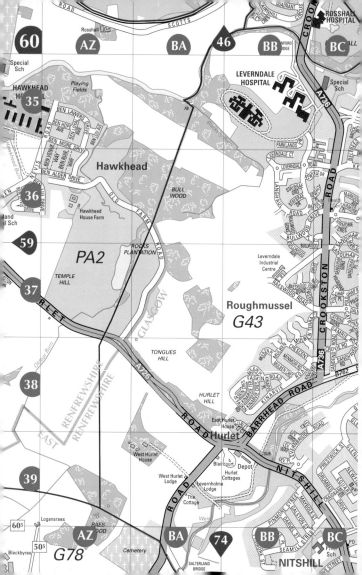

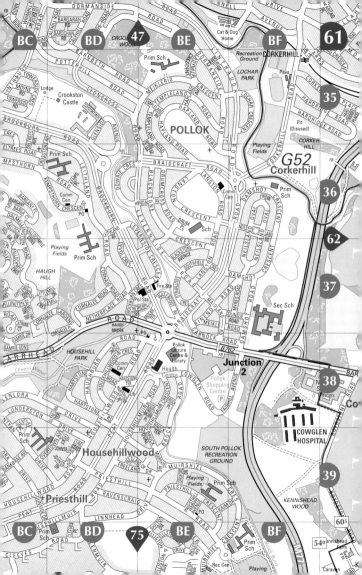

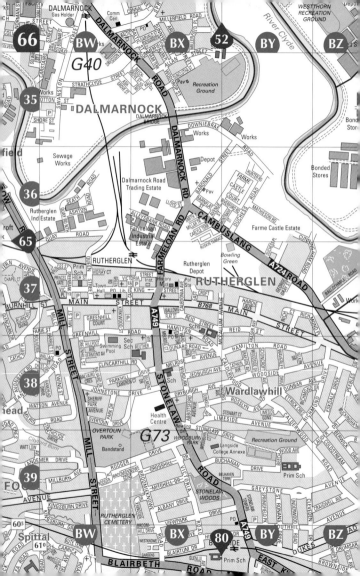

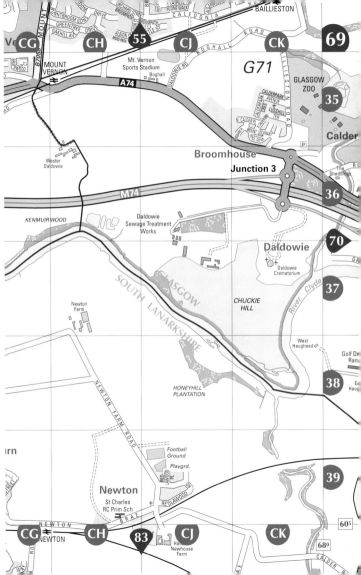

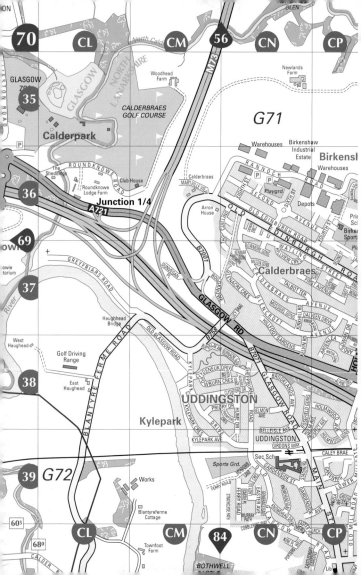

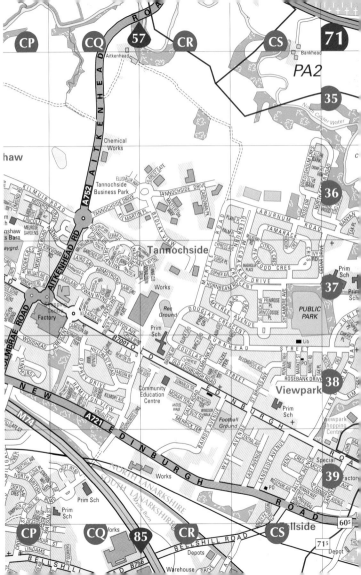

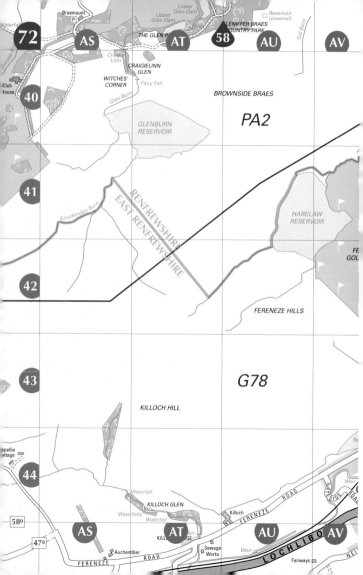

72

AS

AT

58

AU

AV

40

41

42

43

44

AS

AT

AU

AV

Braemount

Upper Glen Dam

Lower Glen Dam

THE GLEN P

GLENIFFER BRAES COUNTRY PARK

Reservoir (covered)

Tod Burn

P

Craigie Linn

CRAIGIELINN GLEN

WITCHES' CORNER

Fairy Fall

Glen Burn

BROWNSIDE BRAES

PA2

Club House

Waterfall

GLENBURN RESERVOIR

RENFREWSHIRE

EAST RENFREWSHIRE

Knockindon Burn

HARELAW RESERVOIR

FE GOL

FERENEZE HILLS

G78

KILLOCH HILL

apellie ottage

Waterfall

KILLOCH GLEN

Waterfalls

Waterfall

KILL   DGE

Killoch

FERENEZE   ROAD

Weir

PATE   DE

58°

47°

Auchentiber

FERENEZE   ROAD

Sewage Works

Weir

Fairways

LOCHLIBO

NEI

Re

Weir

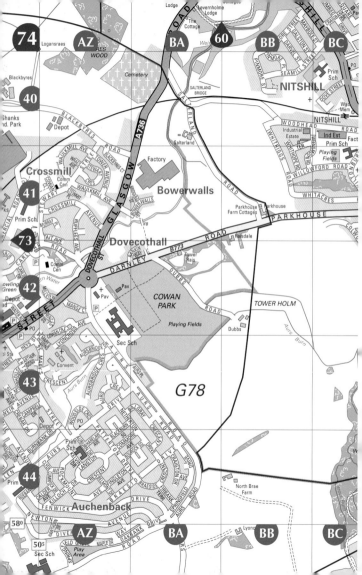

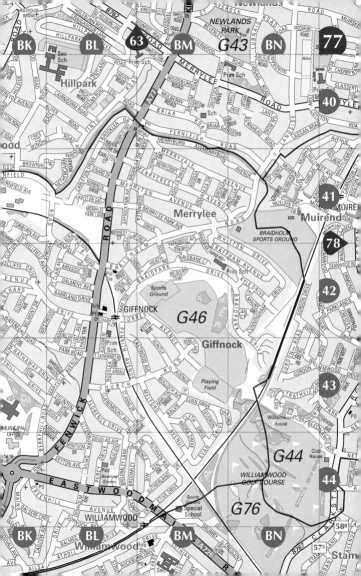

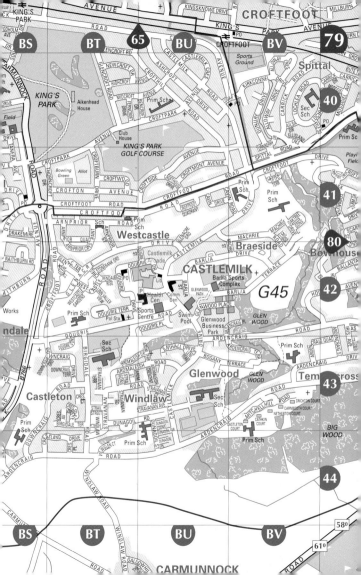

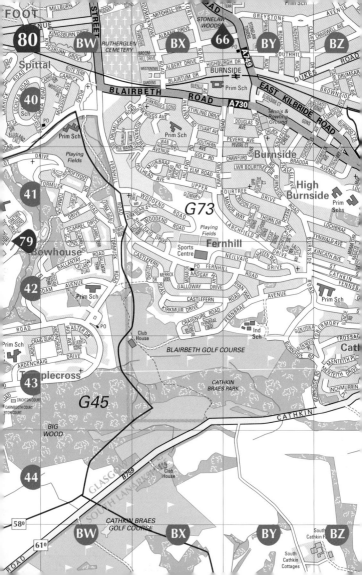

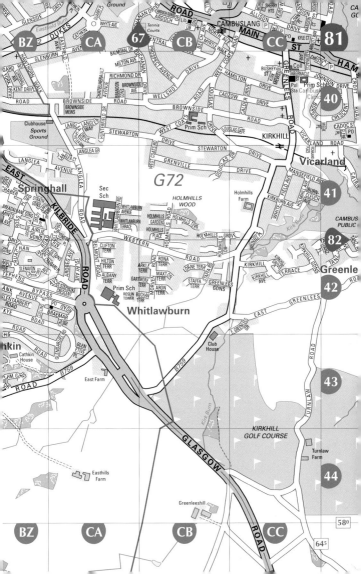

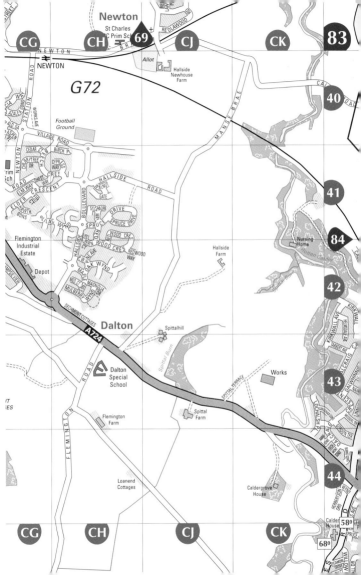

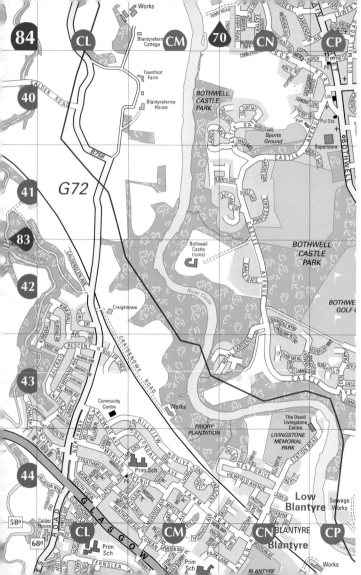

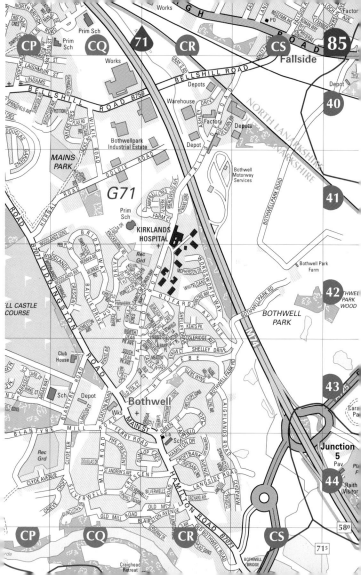

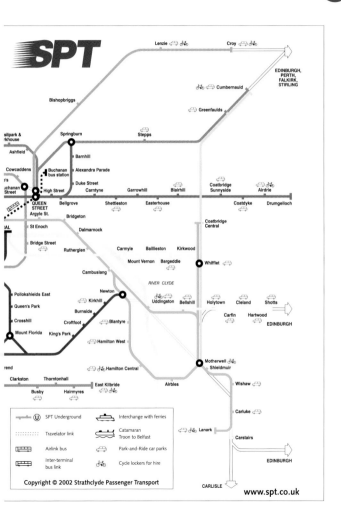

General abbreviations

All	Alley	Ctyd	Courtyard	Int	International	Rds	Roads
Allot	Allotments	Dep	Depot	Junct	Junction	Rec	Recreation
Amb	Ambulance	Dev	Development	La	Lane	Res	Reservoir
App	Approach	Dr	Drive	Las	Lanes	Ri	Rise
Arc	Arcade	Dws	Dwellings	Lib	Library	S	South
Av/Ave	Avenue	E	East	Lo	Lodge	Sch	School
Bdy	Broadway	Ed	Education	Ln	Lane	Sec	Secondary
Bk	Bank	Elec	Electricity	Loan	Loan	Shop	Shop
Bldgs	Buildings	Embk	Embankment	Lwr	Lower	Shop	Shopping
Boul	Boulevard	Est	Estate	Mag	Magistrates	Sq	Square
Bowl	Bowling	Ex	Ex	Mans	Mansions	St.	Saint
Br	Bridge	Exhib	Exhibition	Mem	Memorial	St	Street
Cath	Cathedral	FB	Footbridge	Mkt	Market	Sta	Station
Cem	Cemetery	FC	Football Club	Mkts	Markets	Sts	Streets
Cen	Central, Centre	Fld	Field	Ms	Mews	Sub	Subway
Cft	Croft	Flds	Fields	Mt	Mount	Swim	Swimming
Cfts	Crofts	Fm	Farm	Mus	Museum	TA	Territorial Army
Ch	Church	Gall	Gallery	N	North	TH	Town Hall
Chyd	Churchyard	Gar	Garage	NTS	National Trust	Ten	Tennis
Cin	Cinema	Gdn	Garden		for Scotland	Ter	Terrace
Circ	Circus	Gdns	Gardens	Nat	National	Thea	Theatre
Cl/Clo	Close	Govt	Government	PH	Public House	Trd	Trading
Co	County	Gra	Grange	PO	Post Office	Twr	Tower
Coll	College	Grd	Ground	Par	Parade	Twrs	Towers
Comm	Community	Grds	Grounds	Pas	Passage	Uni	University
Conv	Convent	Grn	Green	Pav	Pavilion	Vil	Villas
Cor	Corner	Grns	Greens	Pk	Park	Vil	Villa
Coron	Coroners	Gro	Grove	Pl	Place	Vw	View
Cors	Corners	Gros	Groves	Pol	Police	W	West
Cotts	Cottages	Gt	Great	Prec	Precinct	Wd	Wood
Cov	Covered	Ho	House	Prim	Primary	Wds	Woods
Crem	Crematorium	Hos	Houses	Prom	Promenade	Wf	Wharf
Cres	Crescent	Hosp	Hospital	Pt	Point	Wk	Walk
Ct	Court	Hts	Heights	Quad	Quadrant	Wks	Works
Cts	Courts	Ind	Industrial	RC	Roman Catholic	Yd	Yard
				Rd	Road		

District abbreviations

Abbots.	Abbotsinch	Both.	Bothwell	Glenb.	Glenboig	Ruther.	Rutherglen
Baill.	Baillieston	Camb.	Cambuslang	Inch.	Inchinnan	Stepps	Stepps
Barr.	Barrhead	Chry.	Chryston	Kirk.	Kirkintilloch	Thornlie.	Thornliebank
Bears.	Bearsden	Clark.	Clarkston	Mood.	Moodiesburn	Udd.	Uddingston
Bishop.	Bishopbriggs	Gart.	Gartcosh	Muir.	Muirhead		
Blan.	Blantyre	Giff.	Giffnock	Neil.	Neilston		

Post town abbreviations

Bell.	Bellshill	Coat.	Coatbridge	Pais.	Paisley
Clyde.	Clydebank	Ersk.	Erskine	Renf.	Renfrew

A

Abbey Cl, Pais. PA1	44 AU32	
Abbeycraig Rd, G34	42 CM28	
Abbey Dr, G14	34 BG25	
Abbeygreen St, G34	42 CN28	
Abbeyhill St, G32	53 CA30	
Abbey Mill Business Cen, Pais. PA1	45 AV33	
Abbotsburn Way, Pais. PA3	30 AT29	
Abbotsford Av, (Ruther.) G73	66 BX38	
Abbotsford Rd, G5	14 BR32	
Abbotsford Rd, Clyde. G81	17 AX20	
Abbotsinch Retail Pk, Pais. PA3	31 AV29	
Abbotsinch Rd, Pais. PA3	30 AU27	
Abbotsinch Rd, Renf. PA4	31 AV25	
Abbot St, Pais. PA3	45 AV31	
Abbott Cres, Clyde. G81	18 AZ21	
Aberconway St, Clyde. G81	17 AY21	

Abercorn Av, G52	32 BA29	
Abercorn Pl, G23	21 BN20	
Abercorn St, Pais. PA3	44 AV31	
Abercrombie Cres, (Baill.) G69	57 CP32	
Abercromby Dr, G40	51 BV31	
Abercromby Sq, G40	51 BV31	
Abercromby St, G40	51 BV32	
Aberdalgie Path, G34	41 CK29	
Aberdalgie Rd, G34	41 CK29	
Aberdour St, G31	52 BY30	
Aberfeldy St, G31	52 BY30	
Aberfoyle St, G31	52 BY30	
Aberlady Rd, G51	48 BG31	
Abernethy St, G31	52 BY30	
Aberuthven Dr, G32	54 CD34	
Abiegail Pl, (Blan.) G72	84 CM44	
Aboukir St, G41	34 BG29	
Aboyne Dr, Pais. PA2	59 AV36	
Aboyne St, G51	48 BH31	
Acacia Dr, (Barr.) G78	73 AW40	
Acacia Way, (Camb.) G72	83 CG40	

Academy Pk, G51	49 BL33	
Academy Rd, (Giff.) G46	77 BL43	
Academy St, G32	54 CD33	
Achray Pl, Coat. ML5	43 CS28	
Acorn Ct, G40	51 BV33	
Acorn St, G40	51 BV33	
Acre Dr, G20	21 BK20	
Acredyke Cres, G21	24 BY22	
Acredyke Pl, G21	24 BY23	
Acredyke Rd, G21	24 BX22	
Acredyke Rd, (Ruther.) G73	65 BV37	
Acre Rd, G20	20 BK20	
Adams Ct La, G1	14 BR31	
Adamswell St, G21	37 BU26	
Addison Gro, (Thornlie.) G46	76 BH41	
Addison Pl, (Thornlie.) G46	76 BH41	
Addison Rd, G12	35 BM25	
Addison Rd, (Thornlie.) G46	76 BG41	
Adelphi St, G5	15 BT32	
Admiral St, G41	12 BN32	

Street	Pg	Grid
Advie Pl, G42	64	BR37
Affric Dr, Pais. PA2	59	AX36
Afton Dr, Renf. PA4	32	BA27
Afton St, G41	63	BN37
Agnew La, G42	64	BQ36
Aikenhead Rd, G42	50	BR34
Aikenhead Rd, G44	64	BS39
Ailean Dr, G32	54	CG33
Ailean Gdns, G32	54	CG33
Ailsa Dr, G42	64	BP38
Ailsa Dr, (Both.) G71	85	CQ41
Ailsa Dr, (Ruther.) G73	79	BX40
Ailsa Dr, Pais. PA2	58	AT38
Ailsa Rd, Renf. PA4	31	AY27
Ainslie Av, G52	33	BC29
Ainslie Rd, G52	33	BC29
Airdale Av, (Giff.) G46	77	BL43
Airlie La, G12	34	BK25
Airlie Rd, (Baill.) G69	55	CJ34
Airlie St, G12	34	BK25
Airlin Ind Est, Pais. PA3	30	AU29
Airlour Rd, G43	77	BN40
Airth Dr, G52	48	BH34
Airthrey Av, G14	34	BG26
Aitkenhead Av, Coat. ML5	57	CR33
Aitkenhead Rd, (Udd.) G71	71	CQ36
Aitken St, G31	52	BY30
Alasdair Ct, (Barr.) G78	73	AY43
Albany Av, G32	54	CE31
Albany Dr, (Ruther.) G73	66	BX39
Albany Quad, G32	54	CE31
Albany St, G40	52	BW33
Albany Ter, (Camb.) G72	81	CA42
Albert Av, G42	63	BQ36
Albert Br, G1	14	BS32
Albert Br, G5	14	BS32
Albert Cross, G41	50	BP34
Albert Dr, G41	63	BL35
Albert Dr, (Ruther.) G73	80	BX40
Albert Rd, G42	64	BQ36
Albert Rd, Renf. PA4	31	AY26
Albion Gate, Pais. PA3	44	AT31
Albion St, G1	15	BT31
Albion St, (Baill.) G69	55	CH34
Albion St, Pais. PA3	44	AT31
Albion Wks Ind Est, G13	18	BA22
Alcaig Rd, G52	62	BG35
Alder Bk, (Udd.) G71	71	CS36
Alder Ct, (Barr.) G78	73	AY44
Alder Gate, (Camb.) G72	82	CG40
Alderman Pl, G13	18	BE23
Alderman Rd, G13	18	BB21
Alder Pl, G43	77	BK40
Alder Rd, G43	77	BL40
Aldersyde Gdns, (Udd.) G71	70	CN38
Aldersyde Pl, (Blan.) G72	84	CL44
Alexander Av, (Udd.) G71	71	CS39
Alexander Cres, G5	50	BS33
Alexander St, Clyde. G81	17	AX20
Alexandra Av, (Stepps) G33	26	CF23
Alexandra Ct, G31	38	BX29
Alexandra Cross, G31	52	BX30
Alexandra Dr, Renf. PA4	32	AZ26
Alexandra Par, G31	11	BU29
Alexandra Pk St, G31	52	BX30
Alford St, G21	37	BT26
Alfred La, G12	35	BM26
Alfred Ter, G12	35	BN26
Algie St, G41	64	BP37
Alice St, Pais. PA2	58	AU35
Allan Av, Renf. PA4	32	BA28
Allander St, G22	36	BS25
Allands Av, (Inch.) Renf. PA4	16	AS25
Allan Glen Pl, G4	11	BT29
Allan Pl, G40	52	BX34
Allan St, G40	46	BX35
Allanton Av, Pais. PA1	46	BA33
Allanton Dr, G52	47	BD32
Allan Way, Renf. PA4	32	AZ28
Allerdyce Ct, G15	18	BB20
Allerdyce Dr, G15	18	BB20
Allerton Gdns, (Baill.) G69	55	CH33
Alleysbank Rd, (Ruther.) G73	66	BX36
Allison Dr, (Camb.) G72	67	CC39
Allison Pl, (Gart.) G69	42	CN25
Allison St, G42	64	BQ35
Allnach Pl, G34	42	CN29
Alloway Av, Pais. PA2	59	AX37
Alloway Cres, (Ruther.) G73	79	BV40
Alloway Cres, Pais. PA2	59	AX37
Alloway Dr, (Ruther.) G73	79	BV40
Alloway Dr, Pais. PA2	59	AX37
Alloway Gro, Pais. PA2	59	AY37
Alloway Rd, G43	63	BM39
Alma St, G40	52	BW32
Almond Av, Renf. PA4	32	BA27
Almond Rd, G33	26	CE24
Almond St, G33	39	BZ28
Alness St, G52	47	BF34
Alpine Gro, (Udd.) G71	70	CP38
Alton Rd, Pais. PA1	45	AY33
Altyre St, G32	53	CB34
Alva Gdns, G52	62	BG35
Alva Gate, G52	48	BG34
Alyth Gdns, G52	48	BG34
Amisfield St, G20	21	BN24
Amulree Pl, G32	53	CC33
Amulree St, G32	54	CD32
Ancaster Dr, G13	20	BH23
Anchor Av, Pais. PA1	45	AW34
Anchor Cres, Pais. PA1	45	AW33
Anchor Dr, Pais. PA1	45	AW34
Anchor Wynd, Pais. PA1	45	AW33
Ancroft St, G20	36	BQ26
Anderson Dr, Renf. PA4	32	AZ25
Anderson St, G11	35	BK27
Anderston Cross Cen, G2	13	BQ30
Anderston Quay, G3	13	BP31
Andrew Av, Renf. PA4	32	BA26
Andrew Dr, Clyde. G81	17	AY21
Andrew Sillars Av, (Camb.) G72	82	CD40
Andrews St, Pais. PA3	44	AT31
Angela Way, (Udd.) G71	70	CP39
Angle Gate, G14	19	BF25
Angus Av, G52	47	BD33
Angus Av, (Bishop.) G64	24	BY21
Angus Gdns, (Udd.) G71	70	CP37
Angus La, (Bishop.) G64	24	BZ20
Angus Oval, G52	47	BD33
Angus Pl, G52	47	BD33
Angus Pl, G21	37	BU25
Angus St, Clyde. G81	18	BA21
Angus Wk, (Udd.) G71	71	CR38
Annandale St, G42	50	BR34
Annan Dr, (Ruther.) G73	66	BZ38
Annan St, G42	64	BQ37
Annbank Pl, G31	51	BV31
Annbank St, G31	51	BV31
Anne Av, Renf. PA4	32	AZ25
Annette St, G42	64	BQ35
Annfield Gdns, (Blan.) G72	83	CK44
Annfield Pl, G31	51	BV30
Annick Ind Est, G32	54	CE32
Annick St, G32	54	CD32
Annick St, (Camb.) G72	82	CF40
Anniesdale Av, (Stepps) G33	26	CF23
Anniesland Cres, G14	19	BC24
Anniesland Ind Est, G13	20	BG21
Anniesland Rd, G13	19	BD24
Anniesland Rd, G14	19	BC24
Anson St, G40	51	BV33
Anstruther St, G32	53	CB33
Anthony St, G2	13	BQ30
Anworth St, G32	53	CC34
Appin Cres, G31	52	BX30
Appin Rd, G31	52	BX30
Appin Ter, (Ruther.) G73	81	BZ41
Appleby St, G22	36	BR26
Applecross St, G4	36	BR26
Appledore Cres, (Both.) G71	85	CQ42
Apsley St, G11	35	BJ27
Aranthrue Cres, Renf. PA4	31	AY25
Aray St, G20	21	BM22
Arbroath Av, G52	47	BD33
Arcadia Pl, G40	15	BU32
Arcadia St, G40	15	BU32
Archerfield Av, G32	67	CC35
Archerfield Cres, G32	67	CC35
Archerfield Dr, G32	67	CC35
Archerfield Gro, G32	67	CC35
Archerhill Av, G13	18	BC21
Archerhill Cotts, G13	18	BC21
Archerhill Cres, G13	18	BD21
Archerhill Gdns, G13	18	BC21
Archerhill Rd, G13	18	BC21
Archerhill Sq, G13	18	BB21
Archerhill Ter, G13	19	BC21
Ardargie Dr, G32	68	CE37
Ardbeg Av, (Bishop.) G64	24	BY20
Ardbeg Av, (Ruther.) G73	81	CA42
Ardbeg La, G42	64	BQ35
Ardbeg St, G42	64	BQ35
Arden Av, (Thornlie.) G46	76	BG43
Ardencraig Cres, G45	78	BS44
Ardencraig Dr, G45	79	BV43
Ardencraig Pl, G45	79	BU42
Ardencraig Quad, G45	79	BV43
Ardencraig Rd, G45	79	BS44
Ardencraig St, G45	80	BW42
Ardenclutha Av, (Udd.) G71	71	CR38
Ardenlea, (Udd.) G71	70	CP38
Ardenlea St, G40	52	BX34
Arden Pl, (Thornlie.) G46	76	BG43
Ardessie Pl, G20	21	BM24
Ardgay Pl, G32	53	CC34
Ardgay St, G32	53	CC33
Ardgay Way, (Ruther.) G73	80	BX42
Ardgowan Av, Pais. PA2	44	AV34
Ardgowan Dr, (Udd.) G71	70	CP38
Ardgowan St, Pais. PA2	58	AV35
Ardholm St, G32	53	CC32
Ardlaw St, G51	48	BH31
Ardle Rd, G43	78	BN40
Ardlui St, G32	53	CB33
Ardmaleish Cres, G45	79	BU43
Ardmaleish Dr, G45	79	BT43
Ardmaleish Rd, G45	79	BT43
Ardmaleish St, G45	79	BT43
Ardmaleish Ter, G45	79	BU43
Ardmay Cres, G44	65	BS38
Ardmillan St, G33	39	CB29
Ardmory Av, G42	65	BT38
Ardmory La, G42	65	BU38
Ardmory Pl, G42	65	BU38
Ardnahoe Av, G42	65	BT37

Street	Page	Grid
Ardnahoe Pl, G42	65	BT37
Ardneil Rd, G51	48	BH31
Ardnish St, G51	48	BG30
Ardoch Gdns, (Camb.) G72	67	CB39
Ardoch Gro, (Camb.) G72	67	CB39
Ardoch St, G22	36	BS25
Ard Rd, Renf. PA4	31	AX25
Ardshiel Rd, G51	48	BG30
Ardsloy La, G14	33	BC25
Ardsloy Pl, G14	33	BC25
Ard St, G32	53	CC33
Ardtoe Cres, G33	27	CG24
Ardtoe Pl, G33	27	CG24
Arduthie Rd, G51	48	BG30
Ardwell Rd, G52	63	BF35
Argyle St, G2	13	BQ30
Argyle St, G3	8	BM28
Argyle St, Pais. PA1	44	AT33
Argyll Arc, G2	14	BS30
Argyll Av, (Abbots.) Pais. PA3	30	AT28
Argyll Av, Renf. PA4	31	AX25
Argyll Rd, Clyde. G81	17	AY20
Arisaig Dr, G52	48	BG34
Arisaig Pl, G52	48	BG34
Ark La, G31	51	BV30
Arkleston Cres, Pais. PA3	45	AX30
Arkleston Rd, Pais. PA1	45	AX31
Arkleston Rd, Pais. PA3	45	AX30
Arkleston Rd, Renf. PA4	31	AW29
Arkle Ter, (Camb.) G72	81	CB42
Arklet Rd, G51	48	BG31
Arlington St, G3	9	BP28
Armadale Ct, G31	38	BW29
Armadale Path, G31	38	BW29
Armadale Pl, G31	38	BW29
Armadale St, G31	52	BW30
Armour St, G31	15	BU31
Armstrong Cres, (Udd.) G71	71	CQ37
Arngask Rd, G51	48	BG30
Arnhall Pl, G52	48	BG34
Arnhem St, (Camb.) G72	82	CF40
Arnholm Pl, G52	48	BG34
Arnisdale Pl, G34	41	CJ29
Arnisdale Rd, G34	41	CJ29
Arniston St, G32	53	CB30
Arniston Way, Pais. PA3	45	AW30
Arnol Av, (Bishop.) G64	24	BW20
Arnold St, G20	22	BQ23
Arnol Pl, G33	25	CH30
Arnott Way, (Camb.) G72	67	CC39
Arnprior Cres, G45	79	BT41
Arnprior Quad, G45	79	BT41
Arnprior Rd, G45	79	BT41
Arnprior St, G45	79	BT41
Arnside Av, (Giff.) G46	77	BL42
Arnwood Dr, G12	20	BJ24
Aron Ter, (Camb.) G72	81	CB42
Aros Dr, G52	61	BF35
Aros La, G52	61	BF35
Arran Av, (Abbots.) Pais. PA3	30	AU27
Arran Dr, (Giff.) G46	77	BK43
Arran Dr, G52	48	BH34
Arran Dr, Pais. PA2	58	AU38
Arran Rd, Renf. PA4	32	AZ27
Arran Way, (Both.) G71	85	CP43
Arrochar Ct, G23	21	BM21
Arrochar Dr, G23	20	BM20
Arrochar St, G23	21	BM21
Arrol Pl, G40	52	BX33
Arrol Rd, G40	52	BW33
Arrol St, G52	46	BA30
Arrowsmith Av, G13	19	BF21
Arthur Av, (Barr.) G78	73	AX44
Arthurlie Av, (Barr.) G78	73	AY43
Arthurlie Dr, (Giff.) G46	77	BL44
Arthurlie Gdns, (Barr.) G78	73	AY43
Arthurlie St, G51	48	BH30
Arthurlie St, (Barr.) G78	73	AY43
Arthur Rd, Pais. PA2	58	AU37
Arthur St, G3	8	BM28
Arthur St, Pais. PA1	44	AS32
Arundel Dr, G42	64	BQ38
Ascaig Cres, G52	61	BF35
Ascog St, G42	64	BQ35
Ascot Av, G12	20	BH23
Ascot Ct, G12	20	BJ23
Ashburton La, G12	21	BK23
Ashburton Rd, G12	20	BJ23
Ashby Cres, G13	20	BG20
Ashcroft Dr, G44	79	BU40
Ashdale Dr, G52	48	BG34
Ashdene St, G22	22	BR22
Ashfield St, G22	37	BS25
Ashgill Pl, G22	22	BS23
Ashgill Rd, G22	22	BR22
Ash Gro, (Bishop.) G64	24	BX20
Ash Gro, (Udd.) G71	71	CR37
Ashgrove St, G40	66	BW35
Ashkirk Dr, G52	48	BG34
Ashlea Dr, (Giff.) G46	77	BM41
Ashley Dr, (Both.) G71	85	CR40
Ashley La, G3	9	BP28
Ashley Pk, (Udd.) G71	85	CS40
Ashley St, G3	9	BP28
Ashmore Rd, G43	78	BP40
Ashmore Rd, G44	78	BP40
Ash Rd, (Baill.) G69	55	CJ34
Ashton Gdns, (Gart.) G69	29	CP23
Ashton La, G12	8	BM27
Ashton Rd, G12	8	BM27
Ashton Rd, (Ruther.) G73	66	BW36
Ashtree Rd, G43	63	BL37
Ashvale Cres, G21	23	BU24
Ash Wk, (Ruther.) G73	80	BY42
Ashwood Gdns, G13	20	BH24
Ash Wynd, (Camb.) G72	82	CG41
Aspen Dr, G21	38	BW26
Aspen Pl, (Camb.) G72	82	CG40
Aster Dr, G45	80	BW42
Athelstane Rd, G13	19	BE22
Athena Way, (Udd.) G71	71	CQ38
Athole Gdns, G12	35	BL26
Athole La, G12	35	BL26
Atholl Av, G52	32	BA29
Atholl Cres, Pais. PA1	46	BA31
Atholl Gdns, (Ruther.) G73	81	CA42
Atholl Gdns, (Udd.) G71	71	CQ38
Atlas Ind Est, G21	37	BV25
Atlas Pl, G21	37	BV26
Atlas Rd, G21	37	BU25
Attlee Av, Clyde. G81	18	AX21
Attlee Pl, Clyde. G81	18	AX21
Attow Rd, G43	76	BK40
Auburn Dr, (Barr.) G78	74	AZ44
Auchenbothie Cres, G33	25	BZ23
Auchencrow St, G34	42	CM39
Auchengill Quad, Pais. PA1	45	AX33
Auchentorlie Quad, Pais. PA1	45	AX33
Auchentorlie St, G11	34	BH27
Auchentoshan Ter, G21	37	BV27
Auchinairn Rd, (Bishop.) G64	24	BW22
Auchingill Pl, G34	42	CM28
Auchingill Rd, G34	42	CL28
Auchinlea Retail Pk, G34	41	CH28
Auchinlea Rd, G34	41	CH27
Auchinleck Av, G33	25	CA23
Auchinleck Cres, G33	25	CA23
Auchinleck Dr, G33	25	CA23
Auchinleck Gdns, G33	25	CA23
Auchinleck Rd, G33	25	CB22
Auchinloch St, G21	37	BV26
Auchmannoch Av, Pais. PA1	46	BA32
Auckland St, G22	36	BR26
Auldbar Rd, G52	48	BH34
Auldbar Ter, Pais. PA2	59	AW35
Auldburn Pl, G43	62	BK39
Auldburn Rd, G43	62	BK39
Auldearn Rd, G21	24	BY22
Auldgirth Rd, G52	48	BH34
Auldhouse Gdns, G43	63	BK39
Auldhouse Rd, G43	63	BL39
Auldhouse Ter, G43	63	BM39
Auld Kirk Rd, (Camb.) G72	82	CE42
Aultbea St, G22	22	BR21
Aultmore Rd, G33	55	CH30
Aursbridge Cres, (Barr.) G78	74	AZ43
Aursbridge Dr, (Barr.) G78	74	AZ43
Aurs Cres, (Barr.) G78	74	AZ43
Aurs Dr, (Barr.) G78	74	AZ44
Aurs Glen, (Barr.) G78	73	AY44
Aurs Pl, (Barr.) G78	74	BA43
Aurs Rd, (Barr.) G78	74	AZ43
Austen Rd, G13	20	BG24
Avenel Rd, G13	20	BG20
Avenue End Rd, G33	40	CD25
Avenuehead Rd, (Chry.) G69	29	CQ20
Avenuepark St, G20	35	BN25
Avenue St, G40	52	BW32
Avenue St, (Ruther.) G73	66	BX36
Aviemore Rd, G52	62	BG35
Avoch Dr, (Thornlie.) G46	76	BG42
Avonbank Rd, (Ruther.) G73	65	BV38
Avondale Dr, Pais. PA1	45	AX31
Avondale St, G33	39	CC28
Avon Dr, (Bishop.) G64	24	BW21
Avon Rd, (Giff.) G46	77	BK43
Avon Rd, (Bishop.) G64	24	BW21
Avonspark St, G21	38	BW26
Aylmer Rd, G43	64	BP39
Ayr St, G21	37	BU26
Aytoun Rd, G41	49	BM34
Azalea Gdns, (Camb.) G72	83	CG40

B

Street	Page	Grid
Back Causeway, G31	53	BZ32
Back Sneddon St, Pais. PA3	44	AU32
Bagnell St, G21	23	BV24
Baillie Dr, (Both.) G71	85	CQ42
Baillieston Rd, G32	54	CF33
Baillieston Rd, (Udd.) G71	55	CK34
Baillie Wynd, (Udd.) G71	71	CQ37
Bainsford St, G32	53	CB31
Bain St, G40	15	BU31
Baird Av, G52	32	BA29
Bairds Av, (Udd.) G71	71	CR39
Bairds Brae, G4	36	BR26
Baird St, G4	11	BT28
Baker St, G41	63	BN36
Bakewell Rd, (Baill.) G69	55	CJ32
Balado Rd, G33	55	CG30
Balbeggie Pl, G32	54	CE33
Balbeggie St, G32	54	CE33
Balbeg St, G51	48	BG31
Balblair Rd, G52	48	BH34
Balcarres Av, G12	21	BL24
Balcomie St, G33	39	CC28
Balcurvie Rd, G34	41	CJ27
Baldinnie Rd, G34	41	CK29
Baldoran Cres, G33	41	CH29
Baldovan Path, G33	55	CH30
Baldovie Rd, G52	62	BE34
Baldragon Rd, G34	41	CK28
Baldric Rd, G13	19	BE23

Baldwin Av, G13	19	BF21
Balerno Dr, G52	48	BG34
Balfluig St, G34	41	CH28
Balfour St, G20	21	BM23
Balfron Rd, G51	48	AZ32
Balfron Rd, Pais. PA1	46	AZ32
Balgair Dr, Pais. PA1	45	AX32
Balgair Pl, G22	36	BR25
Balgair St, G22	22	BR24
Balgair Ter, G32	54	CD32
Balglass Gdns, G22	36	BR25
Balglass St, G22	36	BR25
Balgonie Dr, Pais. PA2	58	AS36
Balgonie Rd, G52	48	BG33
Balgonie Wds, Pais. PA2	58	AS36
Balgownie Cres, (Thornlie.) G46	76	BJ43
Balgraybank St, G21	37	BV25
Balgray Cres, (Barr.) G78	74	AZ43
Balgrayhill Rd, G21	23	BV24
Balintore St, G32	53	CC32
Baliol La, G3	9	BP28
Baliol St, G3	9	BP28
Ballaig Cres, (Stepps) G33	26	CE24
Ballantay Quad, G45	80	BW42
Ballantay Rd, G45	80	BW42
Ballantay Ter, G45	80	BW42
Ballantyne Av, G52	47	BC30
Ballater Dr, Pais. PA2	59	AV36
Ballater Dr, (Inch.) Renf. PA4	14	AT22
Ballater Pl, G5	51	BT33
Ballater St, G5	14	BS32
Ballater Way, (Glenb.) Coat. ML5	29	CS23
Ballindalloch Dr, G31	38	BW29
Balloch Gdns, G52	48	BH34
Ballochmill Rd, (Ruther.) G73	66	BZ37
Ballochmyle Cres, G53	61	BC37
Ballochmyle Dr, G53	61	BC36
Ballochmyle Gdns, G53	61	BC36
Ballogie Rd, G44	64	BR38
Balmartin Rd, G23	21	BM20
Balmerino Pl, (Bishop.) G64	24	BZ21
Balmoral Cres, (Inch.) Renf. PA4	16	AU22
Balmoral Dr, G32	68	CD37
Balmoral Dr, (Camb.) G72	81	CA40
Balmoral Gdns, (Udd.) G71	70	CP36
Balmoral Rd, (Blan.) G72	84	CL43
Balmoral St, G14	33	BD26
Balmore Pl, G22	22	BR23
Balmore Rd, G22	22	BR22
Balmore Sq, G22	22	BR24
Balornock Rd, G21	24	BW24
Balornock Rd, (Bishop.) G64	24	BW23
Balruddery Pl, (Bishop.) G64	24	BZ21
Balshagray Av, G11	34	BG26
Balshagray Dr, G11	34	BG26
Balshagray La, G11	34	BH27
Baltic La, G40	52	BW34
Baltic Pl, G40	52	BV33
Baltic St, G40	52	BW33
Balvaird Cres, (Ruther.) G73	66	BW38
Balvaird Dr, (Ruther.) G73	66	BW38
Balveny St, G33	40	CF27
Balvicar Dr, G42	64	BP36
Balvicar St, G42	64	BP36
Balvie Av, G15	18	BC20
Balvie Av, (Giff.) G46	77	BM43
Banavie Rd, G11	34	BJ26
Banchory Av, G43	76	BK40
Banchory Av, (Inch.) Renf. PA4	16	AT22
Bangorshill St, (Thornlie.) G46	76	BH41
Bankbrae Av, G53	61	BC39
Bankend St, G33	39	CC28
Bankfoot Dr, G52	47	BD32
Bankfoot Rd, G52	47	BD33
Bankhall St, G42	64	BR35
Bankhead Av, G13	18	BC23
Bankhead Av, Coat. ML5	57	CS33
Bankhead Dr, (Ruther.) G73	66	BW38
Bankhead Pl, Coat. ML5	57	CS33
Bankhead Rd, (Ruther.) G73	65	BV39
Bankier St, G40	15	BU32
Banknock St, G32	53	CA31
Bank Rd, G32	68	CE37
Bank St, G12	8	BN27
Bank St, (Camb.) G72	67	CC39
Bank St, (Barr.) G78	73	AY43
Bank St, Pais. PA1	45	AV33
Bannatyne Av, G31	52	BX30
Bannercross Av, (Baill.) G69	55	CJ32
Bannercross Dr, (Baill.) G69	55	CJ32
Bannercross Gdns, (Baill.) G69	55	CJ32
Bannatyne Av, G31		
Bankier St, G40		
Banner Dr, G13	19	BE20
Banner Rd, G13	19	BE20
Bantaskin St, G20	21	BL22
Banton Pl, G33	55	CJ30
Barassie Ct, (Both.) G71	85	CP43
Barbae Pl, (Both.) G71	85	CQ42
Barberry Av, G53	75	BD45
Barberry Gdns, G53	75	BD45
Barberry Pl, G53	75	BE43
Barcaldine Av, (Chry.) G69	27	CK21
Barclay Sq, Renf. PA4	31	AX28
Barcraigs Dr, Pais. PA2	59	AV37
Bard Av, G13	19	BD21
Bardowie St, G22	36	BR25
Bardrain Rd, Pais. PA2	58	AS38
Bardrill Dr, (Bishop.) G64	23	BW20
Barfillan Dr, G52	48	BG32
Barfillan Rd, G52	48	BG32
Bargany Ct, G53	61	BC36
Bargany Pl, G53	61	BC36
Bargany Rd, G53	61	BC36
Bargaran Rd, G53	47	BD34
Bargarron Dr, Pais. PA3	45	AW30
Bargeddie St, G33	39	BZ27
Barholm Sq, G33	40	CF27
Barlanark Av, G32	54	CE30
Barlanark Cres, G33	54	CF30
Barlanark Dr, G33	54	CF30
Barlanark Pl, G32	54	CD31
Barlanark Pl, G33	54	CG30
Barlanark Rd, G33	54	CF30
Barlia Dr, G45	79	BU42
Barlia St, G45	79	BU42
Barlia Ter, G45	79	BV42
Barloch St, G22	36	BS25
Barlogan Av, G52	48	BG32
Barlogan Quad, G52	48	BG32
Barmulloch Rd, G21	38	BW25
Barnbeth Rd, G53	61	BD35
Barnes Rd, G20	22	BQ23
Barness Pl, G33	39	CC29
Barnes St, (Barr.) G78	73	AX43
Barnflat St, (Ruther.) G73	66	BX36
Barns St, Clyde. G81	17	AY21
Barnton St, G32	53	CA30
Barnwell Ter, G51	48	BG30
Barochan Rd, G53	47	BD34
Baronald Dr, G12	21	BK23
Baronald Gate, G12	21	BK23

Banchory Av, (Inch.) Renf. PA4	16	AT22
Baronald St, (Ruther.) G73	66	BX36
Baron Rd, Pais. PA3	45	AW31
Barons Gate, (Both.) G71	84	CN41
Baron St, Renf. PA4	31	AY27
Barony Ct, (Baill.) G69	55	CK31
Barony Dr, (Baill.) G69	55	CK31
Barony Gdns, (Baill.) G69	55	CK32
Barony Wynd, (Baill.) G69	55	CK31
Barra Av, Renf. PA4	31	AY28
Barrachnie Av, (Baill.) G69	55	CJ31
Barrachnie Ct, (Baill.) G69	55	CH31
Barrachnie Cres, (Baill.) G69	55	CH32
Barrachnie Dr, (Baill.) G69	55	CJ31
Barrachnie Gro, (Baill.) G69	55	CJ31
Barrachnie Pl, (Baill.) G69	55	CJ31
Barrachnie Rd, (Baill.) G69	55	CH31
Barrack St, G4	15	BU31
Barra St, G20	21	BL21
Barrbridge Rd, (Baill.) G69	57	CR33
Barr Gro, (Udd.) G71	71	CO37
Barrhead Rd, G43	62	BG38
Barrhead Rd, G53	60	BB39
Barrhead Rd, Pais. PA2	45	AV34
Barrie Rd, G52	46	BC30
Barrington Dr, G4	9	BP27
Barrisdale Rd, G20	21	BM21
Barrland Dr, (Giff.) G46	77	BL42
Barrland St, G41	50	BO34
Barrmill Rd, G43	76	BJ40
Barrowfield St, G40	52	BW32
Barr Pl, Pais. PA1	44	AT33
Barr St, G20	36	BO26
Barrwood Pl, (Udd.) G71	71	CO37
Barrwood St, G33	39	CA27
Barscube Ter, Pais. PA2	59	AW35
Barshaw Dr, Pais. PA1	45	AW31
Barshaw Rd, G52	46	BA31
Barterholm Rd, Pais. PA2	58	AU35
Bartholomew St, G40	52	BW34
Bartiebeith Rd, G33	54	CG30
Bassett Av, G13	19	BD21
Bassett Cres, G13	19	BD21
Bathgate St, G31	52	BW31
Bathgo Av, Pais. PA1	46	BA33
Bath La, G2	9	BQ29
Bath St, G2	9	BQ29
Batson St, G42	64	BR35
Battlefield Av, G42	64	BQ38
Battlefield Gdns, G42	64	BQ37
Battlefield Rd, G42	64	BQ37
Battle Pl, G41	64	BP37
Battles Burn Dr, G32	67	CC35
Battles Burn Gate, G32	67	CC35
Battles Burn Vw, G32	67	CC35
Bavelaw St, G33	40	CF27
Beaconsfield Rd, G12	20	BK24
Beard Cres, (Gart.)	29	CP24
Beardmore Cotts, (Inch.) Renf. PA4	16	AU23
Beardmore Way, G31	52	BX31
Bearford Dr, G52	47	BD32
Bearsden Rd, G13	20	BH23
Bearsden Rd, (Bears.) G61	20	BH23
Beaton Rd, G41	50	BN35
Beattock St, G31	53	BZ32
Beattock Av, G43	63	BL39
Beaufort Gdns, (Bishop.) G64	23	BU20
Beauly Pl, G20	21	BM23

Beauly Pl, (Chry.) G69	28	CM20
Beauly Pl, (Baill.) G69	55	CJ34
Beaumont Gate, G12	35	BL26
Beckfield Dr, G33	25	BZ22
Beckfield Gro, G33	25	BZ22
Bedale Rd, (Baill.) G69	55	CH33
Bedford La, G5	14	BR32
Bedford St, G5	14	BR32
Bedlay Vw, (Udd.) G71	71	CR36
Beech Av, G41	49	BK32
Beech Av, (Baill.) G69	55	CJ32
Beech Av, (Camb.) G72	67	CB39
Beech Av, (Ruther.) G73	80	BY41
Beech Av, Pais. PA2	59	AW36
Beech Cres, (Camb.) G72	83	CG41
Beech Gdns, (Baill.) G69	55	CJ32
Beech Gro, (Gart.) G69	29	CQ24
Beechgrove Av, (Udd.) G71	71	CS38
Beechgrove St, G40	66	BX35
Beechlands Av, G44	77	BN43
Beech Pl, (Bishop.) G64	24	BX21
Beech Rd, (Bishop.) G64	24	BX21
Beechwood Av, (Ruther.) G73	66	BY39
Beechwood Dr, G11	34	BH25
Beechwood Dr, Renf. PA4	31	AX28
Beechwood Gdns, (Mood.) G69	29	CP20
Beechwood Gro, (Barr.) G78	73	AY44
Beechwood Pl, G11	34	BH25
Beecroft Pl, (Blan.) G72	84	CN44
Beil Dr, G13	18	BB22
Beith St, G11	34	BK28
Belgrave La, G12	35	BN26
Belgrave Ter, G12	35	BN26
Belhaven Pk, (Muir.) G69	28	CL22
Belhaven Ter, G12	35	BL25
Belhaven Ter, (Ruther.) G73	66	BY39
Belhaven Ter La, G12	35	BL25
Belhaven Ter W, G12	35	BL25
Belhaven Ter W La, G12	35	BL25
Bellahouston Dr, G52	48	BG34
Bellahouston La, G52	48	BG33
Bellairs Pl, (Blan.) G72	84	CL44
Belleisle Av, (Udd.) G71	70	CN39
Belleisle St, G42	64	BR36
Bellevue Pl, G21	37	BV28
Bellfield Cres, (Barr.) G78	73	AX41
Bellfield St, G31	52	BW31
Bellflower Av, G53	75	BD42
Bellflower Gdns, G53	75	BE42
Bellflower Pl, G53	75	BE42
Bellgrove St, G31	51	BV31
Bellrock Ct, G33	40	CD29
Bellrock Cres, G33	39	CC29
Bellrock St, G33	39	CC29
Bellscroft Av, (Ruther.) G73	65	BV38
Bellshaugh Gdns, G12	21	BL24
Bellshaugh La, G12	21	BL24
Bellshaugh Pl, G12	21	BL24
Bellshaugh Rd, G12	21	BL24
Bellshill Rd, (Udd.) G71	85	CP40
Bell St, G1	15	BT31
Bell St, G4	15	BT31
Bell St, Clyde. G81	18	AZ22
Bell St, Renf. PA4	32	AZ25
Bellview Ct, Renf. PA4	32	AZ25
Bellwood St, G41	63	BN38
Belmont Cres, G12	35	BN26
Belmont Dr, (Giff.) G46	76	BK42
Belmont Dr, (Ruther.) G73	66	BX38
Belmont Dr, (Barr.) G78	74	AZ44
Belmont La, G12	35	BN26
Belmont Rd, G21	23	BV23
Belmont Rd, (Camb.) G72	82	CA41
Belmont Rd, Pais. PA3	45	AW31
Belmont St, G12	35	BN26
Belmont St, Clyde. G81	17	AX21
Belses Dr, G52	47	BE33
Belses Gdns, G52	47	BE32
Belstane Pl, (Both.) G71	85	CQ42
Beltrees Av, G53	61	BC36
Beltrees Cres, G53	60	BC36
Beltrees Rd, G53	61	BC36
Bemersyde Av, G43	76	BK40
Ben Alder Dr, Pais. PA2	60	AZ36
Benalder St, G11	35	BL28
Ben Buie Way, Pais. PA2	60	AZ36
Bencroft Dr, G44	79	BU40
Bengairn St, G31	52	BY30
Bengal St, G43	63	BL38
Benhar Pl, G33	53	CB30
Benholm St, G32	54	CB34
Ben Hope Av, Pais. PA2	60	AZ35
Ben Lawers Dr, Pais. PA2	60	AZ35
Ben Ledi Av, Pais. PA2	60	AZ35
Ben Loyal Av, Pais. PA2	60	AZ35
Ben Lui Dr, Pais. PA2	59	AY36
Ben Macdui Gdns, G53	75	BF41
Ben More Dr, Pais. PA2	60	AZ35
Benmore St, G21	23	BV23
Bennan Sq, G42	64	BS35
Ben Nevis Rd, Pais. PA2	59	AY36
Benny Lynch Ct, G5	14	BS32
Ben Oss Pl, G53	75	BE41
Bent Cres, (Udd.) G71	71	CS39
Benthall St, G5	51	BT33
Bentinck St, G3	8	BN28
Bents Rd, (Baill.) G69	55	CK32
Ben Uird Pl, G53	75	BF41
Ben Vane Av, Pais. PA2	59	AY36
Ben Venue Way, Pais. PA2	60	AZ36
Benview St, G20	36	BP25
Benview Ter, Pais. PA2	45	AX35
Ben Vorlich Dr, G53	75	BF41
Ben Vorlich Pl, G53	75	BF41
Ben Wyvis Dr, Pais. PA2	59	AY36
Berelands Cres, (Ruther.) G73	65	BU38
Berelands Pl, (Ruther.) G73	65	BU38
Beresford Av, G14	34	BG25
Berkeley St, G3	8	BN29
Berkley Dr, (Blan.) G72	84	CL44
Bernard Path, G40	52	BW33
Bernard St, G40	52	BW33
Bernard Ter, G40	52	BW33
Berneray St, G22	23	BS22
Berridale Av, G44	78	BQ39
Berriedale Av, (Baill.) G69	55	CJ33
Berryburn Rd, G21	38	BY25
Berryhill Dr, (Giff.) G46	76	BK43
Berryhill Rd, (Giff.) G46	77	BK44
Berryknowe, (Chry.) G69	28	CL21
Berryknowes Av, G52	47	BE32
Berryknowes La, G52	47	BE32
Berryknowes Rd, G52	47	BE32
Bertram St, G41	63	BN36
Bervie St, G51	48	BH31
Berwick Dr, G52	47	BE33
Berwick Dr, (Ruther.) G73	66	BZ39
Beverley Rd, G43	63	BM39
Bevin Av, Clyde. G81	18	AZ20
Bideford Cres, G32	54	CF34
Biggar St, G31	52	BX31
Bigton St, G33	40	CD27
Bilsland Ct, G20	22	BR24
Bilsland Dr, G20	22	BP24
Binend Rd, G53	61	BE37
Binnie Pl, G40	15	BU32
Binns Rd, G33	40	CE27
Birch Dr, (Camb.) G72	68	CE39
Birchend Dr, G21	38	BX27
Birchend Pl, G21	38	BW27
Birchfield Dr, G14	33	BD25
Birch Gro, (Udd.) G71	71	CR38
Birch Knowe, (Bishop.) G64	24	BX21
Birchlea Dr, (Giff.) G46	77	BM41
Birch Pl, (Camb.) G72	83	CH41
Birchwood Av, G32	54	CG33
Birchwood Dr, G32	54	CG33
Birdston Rd, G21	24	BY23
Birgidale Rd, G45	79	BT43
Birgidale Ter, G45	79	BT43
Birkdale Ct, (Both.) G71	85	CP43
Birkenshaw Ind Est, (Udd.) G71	70	CN35
Birkenshaw St, G31	53	BX30
Birkenshaw Way, Pais. PA3	30	AU29
Birkhall Av, G52	46	BB33
Birkhall Av, (Inch.) Renf.	16	AT22
Birkmyre Rd, G51	48	BH31
Birmingham Rd, Renf. PA4	31	AX28
Birness Dr, G43	63	BM37
Birnie Ct, G21	38	BY26
Birnie Rd, G21	38	BY25
Birnock Av, Renf. PA4	32	BA28
Birsay Rd, G22	22	BR22
Bishopmill Pl, G21	38	BY25
Bishopmill Rd, G21	24	BY24
Bishopsgate Dr, G21	23	BU22
Bishopsgate Gdns, G21	23	BU22
Bishopsgate Pl, G21	23	BU22
Bishopsgate Rd, G21	23	BU22
Bishop St, G3	13	BN30
Blackburn Sq, (Barr.) G78	73	AZ44
Blackburn St, G51	12	BM31
Blackbyres Ct, (Barr.) G78	74	AZ41
Blackbyres Rd, (Barr.) G78	59	AY39
Blackcraft Gdns, G32	54	CF33
Blackcroft Rd, G32	54	CF33
Blackfaulds Rd, (Ruther.) G73	65	BU37
Blackford Rd, Pais. PA2	45	AW34
Blackfriars St, G1	15	BT30
Blackhall La, Pais. PA1	45	AV34
Blackhall St, Pais. PA1	45	AV34
Blackhill Cotts, G23	22	BQ20
Blackie St, G3	8	BM29
Blackland Gro, Pais. PA2	58	AS37
Blacklaw La, Pais. PA3	44	AU31
Blackstone Av, G53	61	BE37
Blackstone Cres, G53	61	BE36
Black St, G4	11	BT28
Blackthorn St, G22	23	BT22
Blackwood St, G13	20	BG22
Blackwood St, (Barr.) G78	73	AX43
Bladda La, Pais. PA1	44	AV33
Blades Ct, (Gart.) G69	29	CQ23
Blaeloch Av, G45	78	BS44
Blaeloch Dr, G45	78	BR44
Blaeloch Ter, G45	78	BR44
Blairatholl Av, G11	34	BJ26
Blairatholl Gdns, G11	34	BJ26
Blairbeth Dr, G44	64	BR38
Blairbeth Rd, (Ruther.) G73	80	BW40
Blairbuie Dr, G20	21	BL22
Blair Cres, (Baill.) G69	55	CJ34
Blairdardie Rd, G13	19	BD20
Blairdardie Rd, G15	19	BD20
Blairgowrie Rd, G52	47	BE33

Name	Page	Grid
Blairhall Av, G41	64	BP37
Blairlogie St, G33	40	CD28
Blairmore Av, Pais. PA1	45	AV32
Blair Rd, Pais. PA1	46	BA32
Blairston Av, (Both.) G71	85	CQ44
Blairston Gdns, (Both.) G71	85	CR44
Blair St, G32	53	CB32
Blairtum Dr, (Ruther.) G73	80	BX40
Blairtummock Rd, G33	40	CE29
Blanefield Gdns, G13	20	BH21
Blane St, G4	11	BT27
Blaneview, (Stepps) G33	40	CF25
Blantyre Ferme Rd, (Udd.) G71	70	CL38
Blantyre Mill Rd, (Both.) G71	85	CP43
Blantyre Rd, (Both.) G71	85	CQ43
Blantyre St, G3	8	BM28
Blaven Ct, (Baill.) G69	56	CL33
Blawarthill St, G14	18	BB24
Blenheim Av, (Stepps) G33	26	CF23
Blenheim Ct, (Stepps) G33	26	CF23
Blenheim Ct, Pais. PA1	44	AT32
Blenheim La, (Stepps) G33	26	CG23
Blochairn Rd, G21	38	BW28
Bluebell Gdns, G45	80	BW43
Bluevale St, G31	52	BW31
Blyth Pl, G33	54	CF31
Blyth Rd, G33	54	CG31
Blythswood Dr, Pais. PA3	44	AT31
Blythswood Retail Pk, Renf. PA4	31	AX25
Blythswood Rd, Renf. PA4	17	AY24
Blythswood Sq, G2	13	BQ30
Boclair Cres, (Bishop.) G64	24	BW20
Boclair St, G13	20	BG21
Boden Ind Est, G40	52	BX33
Boden St, G40	52	BW33
Bogany Ter, G45	79	BU43
Bogbain Rd, G34	41	CJ29
Boggknowe, (Udd.) G71	70	CM37
Boghall Rd, (Udd.) G71	55	CJ34
Boghall St, G33	40	CD28
Boghead Rd, G21	24	BW24
Bogleshole Rd, (Camb.) G72	67	CA38
Bogmoor Pl, G51	33	BE28
Bogmoor Rd, G51	33	BE29
Bogside Rd, G33	25	CC24
Bogside St, G40	52	BX33
Bogton Av, G44	78	BP41
Bogton Av La, G44	78	BP41
Boleyn Rd, G41	63	BN35
Bolivar Ter, G42	64	BS37
Bolton Dr, G42	64	BQ37
Bon Accord Sq, Clyde. G81	17	AX21
Boness St, G40	52	BX33
Bonhill St, G22	36	BR26
Bonnar St, G40	52	BW34
Bonnyholm Av, G53	47	BC34
Bonnyrigg Dr, G43	76	BJ40
Bonyton Av, G13	18	BD23
Borden La, G13	20	BG24
Borden Rd, G13	20	BG24
Boreland Dr, G13	19	BC22
Boreland Pl, G13	19	BD23
Borgie Cres, (Camb.) G72	81	CC40
Borron St, G4	36	BS26
Borthwick St, G33	40	CD28
Boswell Ct, G42	64	BP38
Boswell Sq, G52	46	BB30
Botanic Cres, G20	35	BM25
Botanic Cres La, G20	35	BM25
Bothlin Dr, (Stepps) G33	26	CF23
Bothlyn Cres, (Gart.) G69	28	CN22
Bothlyn Rd, (Chry.) G69	28	CM21
Bothwell La, G2	13	BQ30
Bothwellhaugh Ind Est, (Udd.) G71	85	CQ40
Bothwellpark Rd, (Both.) G71	85	CR43
Bothwell Rd, (Udd.) G71	84	CP40
Bothwell St, G2	9	BQ29
Bothwell St, (Camb.) G72	67	CA39
Bourne Ct, (Inch.) Renf. PA4	16	AT22
Bourne Cres, (Inch.) Renf. PA4	16	AT22
Bourock Sq, (Barr.) G78	74	AZ44
Bouverie St, G14	18	BB23
Bouverie St, (Ruther.) G73	65	BV38
Bowden Dr, G52	47	BD31
Bower St, G12	35	BN26
Bowes Cres, (Baill.) G69	55	CH33
Bowfield Av, G52	46	BB31
Bowfield Cres, G52	46	BB31
Bowfield Dr, G52	46	BB31
Bowfield Pl, G52	46	BB31
Bowhouse Way, (Ruther.) G73	80	BW41
Bowling Grn La, G14	33	BF26
Bowling Grn Rd, G14	33	BF26
Bowling Grn Rd, G32	54	CF33
Bowling Grn Rd, (Chry.) G69	28	CM21
Bowman St, G42	64	BQ35
Bowmont Gdns, G12	35	BL26
Bowmont Pl, (Camb.) G72	82	CF40
Bowmont Ter, G12	35	BL26
Bowmore Gdns, (Udd.)	70	CN37
Bowmore Rd, G52	48	BG32
Boydstone Pl, (Thornlie.) G46	76	BH40
Boydstone Rd, G43	76	BG40
Boydstone Rd, (Thornlie.) G46	62	BG39
Boydstone Rd, G53	76	BG40
Boyd St, G42	64	BR36
Boylestone Rd, (Barr.) G78	73	AW41
Boyle St, Clyde. G81	18	AZ21
Boyndie Path, G34	41	CK29
Boyndie St, G34	41	CK29
Brabloch Cres, Pais. PA3	45	AV31
Bracadale Dr, (Baill.) G69	56	CM33
Bracadale Gdns, (Baill.) G69	56	CM33
Bracadale Gro, (Baill.) G69	56	CL33
Bracadale Rd, (Baill.) G69	56	CL33
Brackenbrae Rd, (Bishop.) G64	23	BV20
Brackenrig Rd, (Thornlie.) G46	76	BG43
Bracken St, G22	22	BR23
Bracken Ter, (Both.) G71	85	CQ42
Brackla Av, G13	18	BA21
Brackla Av, Clyde. G81	18	BA21
Bradan Av, G13	18	BA22
Bradan Av, Clyde. G81	18	BA22
Bradda Av, (Ruther.) G73	80	BY41
Bradfield Av, G12	21	BL24
Braefield Dr, (Thornlie.) G46	76	BJ42
Braefoot Cres, Pais. PA2	58	AU38
Braehead Rd, Pais. PA2	58	AS39
Braehead Shop Cen, G51	32	BC26
Braehead St, G5	51	BT34
Braemar Ct, G44	78	BN41
Braemar Cres, Pais. PA2	59	AV36
Braemar Rd, (Ruther.) G73	81	CA42
Braemar Rd, (Inch.) Renf. PA4	16	AT22
Braemar St, G42	64	BP38
Braemore Gdns, G22	37	BT25
Braemount Av, Pais. PA2	58	AS39
Braes Av, Clyde. G81	18	AZ20
Braeside Av, (Ruther.) G73	66	BY38
Braeside Cres, (Baill.) G69	56	CP32
Braeside Cres, (Barr.) G78	74	BA44
Braeside Dr, (Barr.) G78	74	AT44
Braeside Pl, (Camb.) G72	82	CD41
Braeside St, G20	36	BP26
Braidbar Fm Rd, (Giff.) G46	77	BM41
Braidbar Rd, (Giff.) G46	77	BL42
Braidcraft Rd, G53	61	BE36
Braidfauld Gdns, G32	53	CB34
Braidfauld Pl, G32	67	CB35
Braidfauld St, G32	53	CB34
Braidholm Cres, (Giff.) G46	77	BL42
Braidholm Rd, (Giff.) G46	77	BL42
Braidpark Dr, (Giff.) G46	77	BM42
Braids Ct, Pais. PA2	58	AU36
Braids Dr, G53	60	BB36
Braids Gait, Pais. PA2	58	AT36
Braid Sq, G4	9	BQ27
Braids Rd, Pais. PA2	58	AU36
Braid St, G4	9	BQ27
Branchock Av, (Camb.) G72	82	CF41
Brandon Gdns, (Camb.) G72	81	CA40
Brandon St, G31	51	BV31
Brand Pl, G51	49	BL31
Brand St, G51	49	BL31
Branklyn Ct, G13	19	BF23
Branklyn Cres, G13	19	BF23
Branklyn Gro, G13	19	BF23
Branklyn Pl, G13	19	BF23
Brassey St, G20	21	BN23
Breadalbane Gdns, (Ruther.) G73	81	BZ41
Brechin Rd, (Bishop.) G64	24	BY20
Brechin St, G3	8	BN29
Bredisholm Cres, (Udd.) G71	71	CS36
Bredisholm Dr, (Baill.) G69	56	CL33
Bredisholm Rd, (Baill.) G69	56	CL33
Bredisholm Ter, (Baill.) G69	56	CL33
Brenfield Av, G44	78	BP41
Brenfield Dr, G44	78	BP41
Brenfield Rd, G44	78	BP41
Brent Av, (Thornlie.) G46	76	BH40
Brent Dr, (Thornlie.) G46	76	BH40
Brent Gdns, (Thornlie.) G46	76	BJ40
Brent Rd, (Thornlie.) G46	76	BH40
Brent Way, (Thornlie.) G46	76	BH40
Brentwood Av, G53	75	BC41
Brentwood Dr, G53	75	BC41
Brentwood Sq, G53	75	BD41
Brereton St, G42	64	BS36
Bressay Rd, G33	55	CG31
Breval Ct, (Baill.) G69	56	CL33
Brewster Av, Pais. PA3	45	AW30
Briarcroft Dr, G33	25	BZ22
Briarcroft Pl, G33	25	CA23
Briarcroft Rd, G33	25	BZ23
Briar Gdns, G43	77	BM40
Briar Gro, G43	77	BM40

Street			
Briarlea Dr, (Giff.) G46	77	BL41
Briar Rd, G43	77	BM40
Briarwood Ct, G32	69	CG35
Bridgegate, G1	14	BS31
Bridge St, G5	14	BR31
Bridge St, (Camb.) G72	67	CC39
Bridge St, Pais. PA1	44	AU33
Bridgeton Business Cen, G40	51	BV32
Bridgeton Cross, G40	51	BV32
Brigham Pl, G23	21	BN21
Brighton Pl, G51	49	BK31
Brighton St, G51	48	BK31
Brightside Av, (Udd.) G71	85	CP40
Bright St, G21	37	BV28
Brisbane Ct, (Giff.) G46	77	BM42
Brisbane St, G42	64	BQ38
Britannia Way, Renf. PA4	31	AY28
Briton St, G51	48	BK31
Broadford St, G4	10	BS27
Broadholm St, G22	22	BR23
Broadlie Dr, G13	19	BC23
Broadloan, Renf. PA4	31	AY27
Broad St, G40	51	BV32
Broadwood Dr, G44	64	BR39
Brockburn Cres, G53	61	BD37
Brockburn Pl, G53	60	BC35
Brockburn Rd, G53	61	BC35
Brockburn Ter, G53	61	BE37
Brock Oval, G53	61	BE39
Brock Pl, G53	61	BE39
Brock Rd, G53	61	BE39
Brock Ter, G53	61	BE39
Brockville St, G32	53	CB31
Brodick Sq, (Bishop.) G64	24	BX22
Brodick St, G21	38	BW28
Brodie Pk Av, Pais. PA2	58	AU35
Brodie Pk Cres, Pais. PA2	58	AT35
Brodie Pk Gdns, Pais. PA2	58	AU35
Brodie Rd, G21	24	BZ22
Brookfield Av, G33	24	BZ22
Brookfield Cor, G33	25	BZ22
Brookfield Dr, G33	25	BZ22
Brookfield Pl, G33	25	BZ22
Brookfield Rd, G33	24	BZ22
Brooklands Av, (Udd.) G71	70	CN38
Brooklea Dr, (Giff.) G46	77	BL40
Brookside St, G40	52	BW32
Brook St, G40	51	BV32
Broom Cres, (Barr.) G78	73	AW40
Broomdyke Way, Pais. PA3	30	AT29
Broomfield Av, G11	34	BH27
Broomfield Av, G32	68	CD37
Broomfield Dr, G11	34	BH26
Broomfield Dr, (Ruther.) G73	80	BX40
Broomfield Gdns, G11	34	BH26
Broomfield La, G11	34	BH26
Broomfield Path, G11	34	BH27
Broomfield Pl, G11	34	BH26
Broomfield Ter, G11	34	BH27
Broomieknowe Dr, (Ruther.) G73	66	BW39
Broomieknowe Gdns, (Ruther.) G73	66	BW39
Broomieknowe Rd, (Ruther.) G73	66	BW39
Broomielaw, G1	13	BQ31
Broomknowes Rd, G21	38	BW25

Street			
Broomlands Av, Ersk. PA8	16	AT21
Broomlands Cres, Ersk. PA8	16	AT21
Broomlands Gdns, Ersk. PA8	16	AT21
Broomlands St, Pais. PA1	44	AS33
Broomlands Way, Ersk. PA8	16	AU21
Broomlea Cres, (Inch.) Renf. PA4	16	AS22
Broomley Dr, (Giff.) G46	77	BL44
Broomley La, (Giff.) G46	77	BL44
Broomloan Ct, G51	48	BJ32
Broomloan Pl, G51	48	BJ31
Broomloan Rd, G51	48	BJ31
Broompark Circ, G31	37	BV29
Broompark Ct, G31	51	BV30
Broompark Dr, (Inch.) Renf. PA4	16	AT22
Broompark La, G31	51	BV30
Broompark St, G31	51	BV30
Broompath, (Baill.) G69	55	CH34
Broom Pl, G43	77	BM40
Broom Rd, G43	77	BM40
Broomton Rd, G21	24	BY22
Brora Dr, (Giff.) G46	77	BM43
Brora Dr, Renf. PA4	32	BA26
Brora Gdns, (Bishop.) G64	24	BX21
Brora Rd, (Bishop.) G64	24	BX20
Brora St, G33	38	BZ28
Broughton Dr, G23	21	BN21
Broughton Rd, G23	21	BN21
Brown Av, Clyde. G81	18	BA21
Brownhill Rd, G43	77	BK41
Brownlie St, G42	64	BR37
Brown Pl, (Camb.) G72	67	CC39
Brownsdale Rd, (Ruther.) G73	65	BV38
Brownside Av, (Camb.) G72	81	CA40
Brownside Av, (Barr.) G78	73	AW40
Brownside Av, Pais. PA2	58	AS38
Brownside Cres, (Barr.) G78	73	AW40
Brownside Dr, G13	18	BB23
Brownside Dr, (Barr.) G78	73	AW40
Brownside Gro, (Barr.) G78	73	AW40
Brownside Ms, (Camb.) G72	81	CA40
Brownside Rd, (Camb.) G72	81	CA40
Brownside Rd, (Ruther.) G73	80	BZ40
Brownsland Ct, (Gart.) G69	29	CP23
Browns La, Pais. PA1	44	AU33
Brown St, G2	13	BQ30
Brown St, Pais. PA1	44	AS32
Brown St, Renf. PA4	31	AX27
Bruce Av, Pais. PA3	45	AW30
Brucefield Pl, G34	42	CM29
Bruce Rd, G41	49	BN33
Bruce Rd, Pais. PA3	45	AW31
Bruce Rd, Renf. PA4	31	AW28
Bruce St, Clyde. G81	17	AX20
Bruce Ter, (Blan.) G72	84	CN44
Brunstane Rd, G34	41	CJ28
Brunswick La, G1	14	BS30
Brunswick St, G1	14	BS30
Brunton St, G44	78	BQ40
Brunton St, G44	78	BP41
Bruntsfield Av, G53	75	BD42
Bruntsfield Gdns, G53	75	BD42
Buccleuch Av, G52	32	BA29
Buccleuch La, G3	9	BQ28
Buccleuch St, G3	9	BQ28
Buchanan Business Pk, (Stepps) G33	27	CH33

Street			
Buchanan Cres, (Bishop.) G64	24	BY22
Buchanan Dr, (Bishop.) G64	24	BY21
Buchanan Dr, (Camb.) G72	67	CA39
Buchanan Dr, (Ruther.) G73	66	BX39
Buchanan Gdns, G32	68	CG35
Buchanan Gro, (Baill.) G69	55	CK32
Buchanan St, G1	14	BR30
Buchanan St, (Baill.) G69	55	CK43
Buchanan St, (Camb.) G72	81	CA40
Buchan Ter, (Camb.) G72	81	CA40
Buchlyvie Gdns, (Bishop.) G64	23	BV21
Buchlyvie Path, G34	56	CL30
Buchlyvie Rd, Pais. PA1	46	BA31
Buchlyvie St, G34	55	CK30
Buckingham Dr, G32	68	CD37
Buckingham Dr, (Ruther.) G73	66	BZ38
Buckingham St, G12	35	BM26
Buckingham Ter, G12	35	BM26
Bucklaw Gdns, G52	47	BE33
Bucklaw Pl, G52	47	BE33
Bucklaw Ter, G52	47	BE33
Buckley St, G22	23	BT23
Bucksburn Rd, G21	38	BY25
Buckthorne Pl, G53	75	BD42
Buddon St, G40	52	BY33
Budhill Av, G32	54	CD32
Bulldale Ct, G14	18	BA24
Bulldale Rd, G14	18	BA24
Bulldale St, G14	18	BA23
Buller Cres, (Blan.) G72	84	CL43
Bullionslaw Dr, (Ruther.) G73	66	BZ39
Bulloch Av, (Giff.) G46	77	BM43
Bullwood Av, G53	60	BB36
Bullwood Ct, G53	60	BB37
Bullwood Dr, G53	60	BB36
Bullwood Gdns, G53	60	BB36
Bullwood Pl, G53	60	BB36
Bunessan St, G52	48	BH32
Bunhouse Rd, G3	35	BL28
Burghead Dr, G51	48	BG30
Burghead Pl, G51	34	BG29
Burgher St, G31	52	BY32
Burgh Hall La, G11	34	BK27
Burgh Hall St, G11	34	BK27
Burgh La, G12	35	BM26
Burleigh Rd, (Both.) G71	85	CR42
Burleigh St, G51	34	BJ29
Burlington Av, G12	20	BK23
Burmola St, G22	36	BR25
Burnacre Gdns, (Udd.) G71	70	CN38
Burnbank Dr, (Barr.) G78	73	AY44
Burnbank Gdns, G20	9	BP27
Burnbank Pl, G20	9	BP27
Burnbrae St, G21	38	BW25
Burncleuch Av, (Camb.) G72	81	CC41
Burndyke Ct, G51	49	BK30
Burndyke Sq, G51	49	BL30
Burndyke St, G51	49	BK30
Burnett Rd, G33	54	CG30
Burnfield Av, (Thornlie.) G46	77	BK41
Burnfield Cotts, (Thornlie.) G46	77	BK41
Burnfield Dr, G43	76	BK41
Burnfield Gdns, (Giff.) G46	77	BL41
Burnfield Rd, G43	76	BJ40
Burnfield Rd, (Thornlie.) G46	76	BK41
Burnfoot Cres, (Ruther.) G73	80	BZ40

Burnfoot Cres, Pais. PA2	58	AS38
Burnfoot Dr, G52	47	BD32
Burnham Rd, G14	32	BC25
Burnhead Rd, G43	77	BN40
Burnhead St, (Udd.) G71	71	CR38
Burnhill Quad, (Ruther.) G73	65	BV37
Burnhill St, (Ruther.) G73	65	BV37
Burnhouse St, G20	21	BM23
Burnmouth Rd, G33	55	CH31
Burnpark Av, (Udd.) G71	70	CM38
Burns Gdns, (Blan.) G72	84	CL44
Burns Gro, (Thornlie.) G46	76	BJ43
Burns St, G4	10	BR27
Burntbroom Dr, (Baill.) G69	55	CH34
Burntbroom Gdns, (Baill.) G69	55	CH34
Burntbroom St, G33	54	CF29
Burn Ter, (Camb.) G72	67	CA38
Burrells La, G4	15	BU30
Burrelton Rd, G43	64	BP39
Bushes Av, Pais. PA2	58	AT36
Busheyhill St, (Camb.) G72	81	CC40
Bute Av, Renf. PA4	32	AZ28
Bute Cres, Pais. PA2	58	AT38
Bute Gdns, G12	8	BM27
Bute Gdns, G44	78	BP41
Bute Rd, (Abbots.) Pais. PA3	30	AW28
Bute Ter, (Udd.) G71	71	CR38
Bute Ter, (Ruther.) G73	80	BW40
Butterbiggins Rd, G42	50	BQ34
Byrebush Rd, G53	61	BE36
Byres Av, Pais. PA3	45	AW31
Byres Cres, Pais. PA3	45	AW31
Byres Rd, G11	35	BL27
Byres Rd, G12	35	BL27
Byron Ct, (Both.) G71	85	CR43
Byron St, G11	34	BG27
Byshot St, G22	37	BT25

C

Cadder Pl, G20	21	BN22
Cadder Rd, G20	21	BN22
Cadder Rd, G23	21	BN22
Cadoc St, (Camb.) G72	82	CD40
Cadogan St, G2	13	BQ30
Cadzow Dr, (Camb.) G72	81	CB40
Cadzow St, G2	13	BQ30
Caird Dr, G11	35	BK27
Cairnban St, G51	47	BF31
Cairnbrook Rd, G34	42	CL29
Cairncraig St, G31	52	BY33
Cairndow Av, G44	78	BP41
Cairndow Av La, G44	78	BP41
Cairndow Ct, G44	78	BP41
Cairngorm Cres, (Barr.) G78	73	AY44
Cairngorm Cres, Pais. PA2	58	AU36
Cairngorm Rd, G43	77	BL40
Cairnhill Circ, G52	46	BB34
Cairnhill Dr, G52	46	BB34
Cairnhill Pl, G52	46	BB34
Cairnhill Rd, (Bears.) G61	20	BH20
Cairnlea Dr, G51	48	BK31
Cairns Av, (Camb.) G72	82	CD40
Cairns Rd, (Camb.) G72	82	CD41
Cairn St, G21	23	BV23
Cairnswell Av, (Camb.) G72	82	CE41

Cairnswell Pl, (Camb.) G72	82	CE41
Cairntoul Dr, G14	19	BC23
Cairntoul Pl, G14	19	BC23
Caithness St, G20	36	BP25
Calcots Pl, G34	42	CL28
Caldarvan St, G22	36	BR26
Calder Av, (Barr.) G78	73	AY44
Calderbank Vw, (Baill.) G69	56	CL34
Calderbraes Av, (Udd.) G71	70	CN37
Caldercuilt Rd, G20	21	BL21
Caldercuilt Rd, G23	21	BL20
Calder Dr, (Camb.) G72	81	CC40
Calderglen Av, (Blan.) G72	84	CL42
Calderpark Av, (Udd.) G71	69	CK35
Calderpark Cres, (Udd.) G71	69	CK35
Calder Pl, (Baill.) G69	55	CK33
Calder Rd, (Udd.) G71	83	CK40
Calder St, G42	64	BR35
Calderwood Av, (Baill.) G69	55	CJ34
Calderwood Dr, (Baill.) G69	55	CJ34
Calderwood Gdns, (Baill.) G69	55	CJ34
Calderwood Rd, G43	83	BM39
Calderwood Rd, (Ruther.) G73	66	BY38
Caldwell Av, G13	19	BC33
Caledonia Av, G5	51	BS34
Caledonia Av, (Ruther.) G73	66	BX37
Caledonia Dr, (Baill.) G69	55	CK34
Caledonian Pl, (Camb.) G72	68	CG39
Caledonia Rd, G5	50	BR33
Caledonia Rd, (Baill.) G69	55	CK34
Caledonia St, G5	51	BS34
Caledonia St, Pais. PA3	44	AT31
Caledonia Way, (Abbots.) Pais. PA3	30	AT28
Caledonia Way E, (Abbots.) Pais. PA3	30	AU28
Caledonia Way W, (Abbots.) Pais. PA3	30	AT28
Caledon La, G12	35	BL26
Caledon St, G12	35	BL26
Caley Brae, (Udd.) G71	70	CP39
Calfhill Rd, G53	47	BD34
Calgary St, G4	10	BS28
Callaghan Wynd, (Blan.) G72	84	CL44
Callander St, G20	36	BQ26
Callieburn Rd, (Bishop.) G64	24	BW20
Calside, Pais. PA2	44	AU34
Calside Av, Pais. PA2	44	AU34
Calside Ct, Pais. PA2	58	AU35
Calvay Cres, G33	54	CG30
Calvay Pl, G33	54	CG30
Calvay Rd, G33	54	CG30
Cambridge Av, Renf. PA4	31	AY27
Cambridge St, G2	10	BR29
Cambridge St, G3	10	BR29
Camburn St, G32	53	CB31
Cambusdoon Rd, G33	40	CE27
Cambus Kenneth Gdns, G32	54	CF32
Cambuskenneth Pl, G32	54	CF32
Cambuslang Ind Est, G32	67	CC38
Cambuslang Rd, G32	67	CA37
Cambuslang Rd, (Camb.) G72	67	BZ38
Cambuslang Rd, (Ruther.) G73	66	BX36
Cambusmore Pl, G33	40	CE27

Cambus Pl, G33	40	CE27
Camden Ter, G5	50	BS33
Camelon St, G32	53	CB31
Cameron Ct, (Ruther.)	66	BW38
Cameron Dr, (Udd.) G71	71	CQ37
Cameron St, G52	46	BA30
Cameron St, Clyde. G81	17	AY21
Camlachie St, G31	52	BX32
Campbell Cres, (Both.) G71	85	CR41
Campbell Dr, (Barr.) G78	73	AY43
Campbell Dr, G20	21	BM22
Campbell St, Renf. PA4	32	AZ25
Camphill, Pais. PA1	44	AT34
Camphill Av, G41	63	BN38
Camphill Ct, Pais. PA2	44	AT34
Camp Rd, (Baill.) G69	55	CK32
Camp Rd, (Ruther.) G73	65	BV35
Camps Cres, Renf. PA4	32	BA27
Campsie Av, (Barr.) G78	73	AY44
Campsie Dr, Pais. PA2	58	AT37
Campsie Dr, (Abbots.) Pais. PA3	30	AU29
Campsie Dr, Renf. PA4	31	AW29
Campsie Pl, (Chry.) G69	28	CL21
Campsie St, G21	23	BV24
Campsie Vw, (Stepps) G33	40	CF25
Campsie Vw, (Baill.) G69	56	CP32
Campsie Vw, (Chry.) G69	28	CL21
Campsie Vw, (Udd.) G71	71	CQ37
Campsie Vw, (Camb.) G72	82	CG42
Campston Pl, G33	40	CD28
Canal Bk La, G22	22	BQ21
Canal St, G4	25	BS28
Canal St, Clyde. G81	17	AX20
Canal St, Pais. PA1	44	AT33
Canal St, Renf. PA4	32	AZ25
Canal Ter, Pais. PA1	44	AT33
Canberra Ct, (Giff.) G46	77	BN42
Candleriggs, G1	15	BT31
Canmore Pl, G31	52	BZ33
Canmore St, G31	53	BZ33
Cannich Dr, Pais. PA2	59	AX36
Canonbie St, G34	42	CM28
Canting Way, G51	49	BL30
Capelrig St, (Thornlie.) G46	76	BH41
Caplaw Rd, Pais. PA2	58	AS39
Caplethill Rd, (Barr.) G78	58	AV38
Caplethill Rd, Pais. PA2	58	AV38
Caprington Pl, G33	39	CC28
Caprington St, G33	39	CC28
Carberry Rd, G41	63	BM35
Carbeth St, G22	36	BR25
Carbisdale St, G22	23	BU24
Carbost St, G23	21	BM20
Carbrook St, G21	38	BW25
Carbrook St, Pais. PA1	44	AS33
Cardarrach St, G21	24	BW24
Cardonald Dr, G52	47	BC33
Cardonald Gdns, G52	47	BC33
Cardonald Pl Rd, G52	47	BC33
Cardowan Dr, (Stepps) G33	26	CG24
Cardowan Pk, (Udd.) G71	71	CR36
Cardowan Rd, G32	53	CB31
Cardowan Rd, (Stepps) G33	27	CG23
Cardow Rd, G21	38	BY25
Cardrona St, G33	40	CD26
Cardross Ct, G31	51	BV30
Cardross St, G31	51	BV30
Cardyke St, G21	38	BW25
Careston Pl, (Bishop.) G64	24	BZ20

Name			
Carfin St, G42		64	BR35
Carfrae St, G3		35	BL29
Cargill Sq, (Bishop.) G64		24	BY21
Carham Cres, G52		47	BE32
Carham Dr, G52		47	BE32
Carillon Rd, G51		49	BL32
Carlaverock Rd, G43		63	BM39
Carleith Quad, G51		47	BE30
Carleston St, G21		37	BV25
Carleton Ct, (Giff.) G46		77	BL41
Carleton Dr, (Giff.) G46		77	BL41
Carleton Gate, (Giff.) G46		77	BL41
Carlibar Av, G13		18	BB23
Carlibar Dr, (Barr.) G78		73	AY42
Carlibar Gdns, (Barr.) G78		73	AY42
Carlibar Rd, (Barr.) G78		73	AY42
Carlile Pl, Pais. PA3		44	AU31
Carlisle St, G21		37	BT25
Carlisle Ter, Pais. PA3		44	AU31
Carlowrie Av, (Blan.) G72		84	CL43
Carlton Ct, G5		14	BR31
Carlton Pl, G5		14	BR31
Carlyle Av, G52		32	BB29
Carlyle St, Pais. PA3		44	AU32
Carlyle Ter, (Ruther.) G73		66	BX36
Carmaben Rd, G33		40	CG29
Carment Dr, G41			BM37
Carment La, G41			BM37
Carmichael Path, (Glenb.) Coat. ML5		29	CS23
Carmichael Pl, G42		64	BP38
Carmichael St, G51		49	BK31
Carmunnock Rd, G44		64	BR38
Carmunnock Rd, G45		78	BS40
Carmunnock Rd, (Busby) G76		79	BS44
Carmyle Av, G32		54	CD34
Carna Dr, G44		78	BS40
Carnarvon St, G3		9	BP28
Carnbooth Ct, G45		79	BV43
Carnegie Rd, G52		47	BC30
Carnock Cres, (Barr.) G78		73	AX43
Carnock Rd, G53		61	BE37
Carnoustie Ct, (Both.) G71		85	CP43
Carnoustie Cres, (Bishop.) G64		24	BY20
Carnoustie Pl, G5		13	BP32
Carnoustie St, G5		13	BP32
Carntynehall Rd, G32		53	CB30
Carntyne Ind Est, G32		53	CA31
Carntyne Path, G32		53	BZ30
Carntyne Pl, G32		53	BZ30
Carntyne Rd, G31		52	BY31
Carntyne Rd, G32		53	BZ30
Carnwadric Rd, (Thornlie.) G46		76	BG41
Carnwath Av, G43		64	BP39
Caroline St, G31		53	CA32
Carradale St, G20		21	BM23
Carriagehill Av, Pais. PA2		58	AU36
Carriagehill Dr, Pais. PA2		58	AU36
Carrick Cres, (Giff.) G46		77	BL44
Carrick Dr, G32		54	CG34
Carrick Dr, (Ruther.) G73		80	BW40
Carrick Gro, G32		55	CG33
Carrick Rd, (Bishop.) G64		24	BX21
Carrick Rd, (Ruther.) G73		80	BW40
Carrick St, G2		13	BQ31
Carrick Way, (Both.) G71		85	CQ42
Carriden Pl, G33		54	CG30
Carrington St, G4		9	BP27
Carroglen Gdns, G32		54	CF32
Carroglen Gro, G32		54	CF32
Carron Ct, (Camb.) G72		82	CF40
Carron Cres, G22		23	BT24
Carron Cres, (Bishop.) G64		23	BX20

Carron Pl, G22		23	BT24
Carron St, G22		23	BU24
Carsaig Dr, G52		48	BG32
Carsaig Ln, (Glenb.) Coat. ML5		29	CS23
Carstairs St, G40		66	BW35
Carswell Gdns, G41		63	BN36
Cartbank Rd, G44		78	BQ41
Cartcraigs Rd, G43		62	BK39
Cartha Cres, Pais. PA2		45	AX34
Cartha St, G41		63	BM38
Cartside Quad, G42		64	BQ38
Cartside St, G42		64	BP38
Cart St, Clyde. G81		17	AX21
Cartvale La, Pais. PA3		44	AU31
Cartvale Rd, G42		64	BP38
Caskie Dr, (Blan.) G72		84	CN44
Cassley Av, Renf. PA4		32	BB27
Castle Av, (Udd.) G71		84	CN41
Castlebank Ct, G13		20	BG23
Castlebank Cres, G11		34	BJ28
Castlebank Gdns, G13		20	BG23
Castlebank St, G11		34	BH28
Castlebay Dr, G22		22	BS20
Castlebay Pl, G22		22	BS21
Castlebay St, G22		22	BS21
Castlebrae Gdns, G44		64	BR39
Castle Chimmins Av, (Camb.) G72		82	CF41
Castle Chimmins Rd, (Camb.) G72		82	CF42
Castlecroft Gdns, (Udd.) G71		84	CN40
Castlefern Rd, (Ruther.) G73		80	BX42
Castlefield Ct, G33		40	CD25
Castle Gait, Pais. PA1		44	AT34
Castle Gdns, (Chry.) G69		28	CP20
Castle Gate, (Udd.) G71		84	CN40
Castlelaw Gdns, G32		54	CD31
Castlelaw Pl, G32		54	CD31
Castlelaw St, G32		54	CD31
Castlemilk Arc, G45		79	BU42
Castlemilk Cres, G44		79	BU40
Castlemilk Dr, G45		79	BU43
Castlemilk Rd, G44		65	BU38
Castle Pl, (Udd.) G71		70	CN39
Castle St, G4		11	BU29
Castle St, G11		35	BL28
Castle St, (Baill.) G69		55	CJ34
Castle St, (Ruther.) G73		66	BW37
Castle St, Pais. PA1		44	AS33
Castleton Av, (Bishop.) G64		23	BU22
Castleton Ct, G45		79	BV43
Castle Wynd, (Both.) G71		85	CR43
Cathay St, G22		23	BS22
Cathcart Cres, Pais. PA2		45	AW34
Cathcart Pl, (Ruther.) G73		65	BV37
Cathcart Rd, G42		64	BR37
Cathcart Rd, (Ruther.) G73		65	BU38
Cathedral Sq, G4		15	BU30
Cathedral St, G1		10	BS29
Cathedral St, G4		10	BS29
Cathkin Av, (Camb.) G72		67	CA39
Cathkin Av, (Ruther.) G73		66	BV38
Cathkin Bypass, (Ruther.) G73		80	BX42
Cathkin Ct, G45		79	BV43
Cathkin Pl, (Camb.) G72		67	CA39
Cathkin Rd, G42		64	BP38
Cathkin Rd, (Udd.) G71		70	CN36
Cathkin Vw, G32		68	CD37
Cathkinview Pl, G42		64	BQ38
Cathkinview Rd, G42		64	BQ38
Catrine, G53		61	BC37
Catrine Gdns, G53		60	BC37
Catrine Pl, G53		60	BC37
Catrine Rd, G53		60	BC37
Causewayside Cres, G32		67	CC35

Causewayside St, G32		67	CC35
Causeyside St, Pais. PA1		44	AU33
Cavendish Ct, G5		50	BR33
Cavendish Pl, G5		50	BR33
Cavendish St, G5		50	BR33
Cavin Dr, G45		79	BU41
Cavin Rd, G45		79	BU41
Cayton Gdns, (Baill.) G69		55	CH33
Cecil St, G12		35	BM26
Cedar Ct, G20		9	BQ27
Cedar Ct, (Camb.) G72		83	CG41
Cedar Gdns, (Ruther.) G73		80	BY41
Cedar Rd, (Bishop.) G64		24	BX21
Cedar St, G20		9	BQ27
Cedar Wk, (Bishop.) G64		24	BX21
Cedric Pl, G13		19	BF22
Cedric Rd, G13		19	BF22
Celtic St, G20		21	BL22
Cemetery Rd, G52		47	BF32
Centenary Ct, (Barr.) G78		73	AX43
Centenary Ct, Clyde. G81		17	AX20
Central Av, G32		54	CF34
Central Av, (Udd.) G71		71	CS39
Central Av, (Camb.) G72		67	CB39
Central Gro, G32		54	CF33
Central Gro, (Camb.) G72		67	CB39
Central Path, G32		54	CG34
Central Rd, Pais. PA1		44	AU32
Central Sta, G1		14	BR30
Centre, The, (Barr.) G78		73	AX43
Centre St, G5		13	BQ32
Centre St, (Glenb.) Coat. ML5		29	CS23
Ceres Gdns, (Bishop.) G64		24	BZ20
Cessnock Pl, (Camb.) G72		82	CF40
Cessnock Rd, G33		25	CC24
Cessnock St, G51		49	BL31
Chalmers Ct, G40		15	BU31
Chalmers St, G40		15	BU31
Chalmers St, Clyde. G81		17	AX20
Chamberlain La, G13		20	BG24
Chamberlain Rd, G13		20	BG23
Chancellor St, G11		35	BK27
Chapelhill Rd, Pais. PA2		59	AW35
Chapel St, G20		21	BN24
Chapel St, (Ruther.) G73		66	BV37
Chapel St Ind Est, G20		21	BN23
Chapelton St, G22		22	BS23
Chaplet Av, G13		19	BE21
Chapman Av, (Glenb.) Coat. ML5		29	CS23
Charing Cross, G2		9	BP28
Charles Av, Renf. PA4		32	AZ25
Charles St, G21		11	BU28
Charlotte Pl, Pais. PA2		58	AU35
Charlotte St, G1		15	BT31
Chatelherault Av, (Camb.) G72		81	CA40
Chatton St, G23		21	BM20
Cheapside St, G3		13	BP31
Chelmsford Dr, G12		20	BK24
Cherrybank Rd, G43		78	BP40
Cherry Gro, (Baill.) G69		57	CR34
Cherry Pl, (Bishop.) G64		24	BX21
Cherryridge Dr, (Baill.) G69		57	CR33
Cherrytree Dr, (Camb.) G72		83	CG41
Chesterfield Av, G12		20	BJ24
Chesters Pl, (Ruther.) G73		65	BV38
Chester St, G32		53	CD31
Chestnut Gro, (Gart.) G69		29	CS23
Chestnut St, G22		23	BT24
Chestnut Way, (Camb.) G72		83	CG41
Cheviot Av, (Barr.) G78		73	AY43

Name	Page	Grid
Cheviot Rd, G43	77	BL40
Cheviot Rd, Pais. PA2	58	AT36
Chirmorie Pl, G53	60	BC36
Chirnside Pl, G52	47	BC35
Chirnside Rd, G52	47	BC35
Chisholm St, G1	15	BT31
Chrighton Grn, (Udd.) G71	71	CQ37
Christian St, G43	63	BL38
Christie La, Pais. PA3	44	AU32
Christie Pl, (Camb.) G72	81	CC40
Christie St, Pais. PA1	45	AV32
Christopher St, G21	38	BW27
Chryston Business Cen, (Chry.) G69	28	CL21
Chryston Rd, (Chry.) G69	28	CM21
Church Av, (Stepps) G33	26	CF23
Church Av, (Ruther.) G73	80	BY40
Church Hill, Pais. PA1	44	AU32
Churchill Cres, (Both.) G71	85	CR42
Churchill Dr, G11	34	BJ26
Churchill Way, (Bishop.) G64	23	BV20
Church Rd, (Giff.) G46	77	BL43
Church Rd, (Muir.) G69	28	CL22
Church St, G11	35	BL27
Church St, (Baill.) G69	55	CK33
Church St, (Udd.) G71	79	CP38
Church Vw, (Camb.) G72	67	CC38
Circus Dr, G31	51	BV30
Circus Pl, G31	51	BV30
Circus Pl La, G31	51	BV30
Citrus Cres, (Udd.) G71	71	CS37
Cityford Cres, (Ruther.) G73		
Cityford Dr, (Ruther.) G73	65	BV39
City Link Cen, G51	48	BJ30
Civic St, G4	9	BQ28
Claddens Quad, G22	22	BS23
Claddens St, G22	22	BR23
Clairmont Gdns, G3	9	BP28
Clair Rd, (Bishop.) G64	24	BZ20
Claremont Dr, G11	34	BJ26
Claremont Pl, G3	9	BN29
Claremont Ter, G3	9	BP28
Claremont Ter La, G3	9	BN28
Claremount Av, (Giff.) G46	77	BL43
Clarence Dr, G11	34	BJ26
Clarence Dr, G12	34	BJ26
Clarence Dr, Pais. PA1	45	AW32
Clarence Gdns, G11	34	BJ26
Clarence La, G12	34	BK26
Clarence St, Pais. PA1	45	AW32
Clarendon Pl, G20	9	BQ27
Clarendon Pl, (Stepps) G33	26	CF24
Clarendon St, G20	9	BQ27
Clare St, G21	38	BW27
Clarion Cres, G13	19	BC21
Clarion Rd, G13	19	BC21
Clarkston Av, G44	78	BP41
Clarkston Rd, G44	78	BP41
Clark St, Pais. PA3	44	AS31
Clark St, Renf. PA4	31	AX26
Claude Av, (Camb.) G72	82	CG42
Claud Rd, Pais. PA3	45	AW31
Clavens Rd, G52	46	BA31
Claverhouse Pl, Pais. PA2	45	AW34
Claverhouse Rd, G52	46	BB30
Clavering St E, Pais. PA1	44	AS32
Clayhouse Rd, G33	40	CG25
Claypotts Pl, G33	39	CD28
Claypotts Rd, G33	39	CD28
Clayslaps Rd, G3	8	BM28
Claythorn Av, G40	15	BU32
Claythorn Pk, G40	15	BU32
Claythorn St, G40	15	BU31
Clayton Ter, G31	51	BV30
Cleeves Pl, G53	75	BD40
Cleeves Quad, G53	75	BC40
Cleeves Rd, G53	75	BC40
Cleghorn St, G22	36	BR26
Cleland La, G5	14	BS32
Cleland St, G5	14	BS32
Clelland Av, (Bishop.) G64	24	BW21
Clerwood St, G32	53	BZ31
Cleveden Cres, G12	21	BK24
Cleveden Cres La, G12	21	BK24
Cleveden Dr, G12	21	BK24
Cleveden Dr, (Ruther.) G73	66	BY39
Cleveden Gdns, G12	21	BL24
Cleveden La, G12	20	BK23
Cleveden Pl, G12	21	BK23
Cleveden Rd, G12	20	BK23
Cleveland St, G3	9	BP29
Clifford Gdns, G51	48	BK32
Clifford La, G51	49	BL32
Clifford Pl, G51	49	BL32
Clifford St, G51	49	BK32
Cliff Rd, G3	9	BP28
Clifton Pl, (Giff.) G46	77	BK42
Clifton St, G3	8	BN28
Clifton Ter, (Camb.) G72	81	CA42
Clincarthill Rd, (Ruther.) G73	66	BW38
Clincart Rd, G42	64	BR37
Cloberhill Rd, G13	19	BE20
Cloch St, G33	39	CC29
Clonbeith St, G33	40	CG27
Closeburn St, G22	22	BS24
Cloth St, (Barr.) G78	84	BY42
Cloudhowe Ter, (Blan.) G72	84	CL44
Clouston La, G20	35	BN25
Clouston St, G20	35	BM25
Clova Pl, (Udd.) G71	71	CP39
Clova St, (Thornlie.) G46	76	BH41
Cloverbank St, G21	38	BW28
Cloverbank, (Bishop.) G64	23	BU20
Cloverhill Pl, (Chry.) G69	28	CL21
Clunie Rd, G52	48	BG33
Cluny Dr, Pais. PA3	45	AW31
Cluny Gdns, G14	34	BG25
Cluny Gdns, (Baill.) G69	55	CJ33
Clyde Av, (Both.) G71	85	CP44
Clyde Av, (Barr.) G78	74	AZ44
Clydebrae Dr, (Both.) G71	85	CR44
Clydebrae St, G51	35	BK30
Clydeford Dr, G32	53	CA34
Clydeford Dr, (Udd.) G71	70	CN38
Clydeford Rd, (Camb.) G72	67	CC37
Clydeholm Rd, G14	33	BF27
Clydeholm Ter, Clyde. G81	18	AZ22
Clyde Ind Cen, G5	8	BN29
Clydeneuk Dr, (Udd.) G71	70	CM38
Clyde Pl, G5	13	BQ31
Clyde Pl, (Camb.) G72	82	CF41
Clyde Rd, Pais. PA3	45	AX30
Clydesdale Av, Pais. PA3	31	AV28
Clyde Shop Cen, Clyde. G81	17	AY20
Clyde St, G1	14	BR31
Clyde St, Clyde. G81	17	AY21
Clyde St, Renf. PA4	18	AZ24
Clyde Ter, (Both.) G71	85	CQ44
Clyde Tunnel, G14	34	BG28
Clyde Tunnel, G51	34	BG28
Clydevale, (Both.) G71	85	CR44
Clydeview, (Both.) G71	85	CS44
Clyde Vw, Pais. PA2	59	AX35
Clydeview Ter, G32	68	CD37
Clynder St, G51	49	BK31
Clyth Dr, (Giff.) G46	77	BM43
Coalburn Rd, (Both.) G71	85	CR40
Coalhill St, G31	52	BX32
Coatbridge Rd, (Baill.) G69	56	CN32
Coatbridge Rd, (Gart.) G69	43	CQ25
Coats Cres, (Baill.) G69	55	CJ32
Coatshill Av, (Blan.) G72	84	CL44
Cobblerigg Way, (Udd.) G71	84	CN40
Cobden Rd, G21	37	BV27
Cobington Pl, G33	40	CD28
Cobinshaw St, G32	53	CC31
Coburg St, G5	14	BR32
Cochno St, Clyde. G81	17	AY21
Cochrane St, G1	15	BS30
Cochrane St, (Barr.) G78	73	AX43
Cochran St, Pais. PA1	45	AV33
Cockels Ln, Renf. PA4	31	AX28
Cockenzie St, G32	53	CC32
Cockmuir St, G21	38	BW25
Cogan Rd, G43	63	BL39
Cogan St, G43	63	BL38
Cogan St, (Barr.) G78	73	AX43
Colbert St, G40	51	BV34
Colchester Dr, G12	20	BJ23
Coldingham Av, G14	18	BA23
Coldstream Dr, (Ruther.) G73	66	BZ39
Coldstream Pl, G21	37	BS26
Coldstream Rd, Clyde. G81	17	AX20
Colebrooke Pl, G12	35	BN26
Colebrooke St, G12	35	BN26
Colebrooke Ter, G12	35	BN26
Colebrook St, (Camb.) G72	67	CC39
Coleridge Av, (Both.) G71	85	CR42
Colfin St, G34	42	CL28
Colgrain Av, G20	22	BQ23
Colgrain Ter, G20	22	BQ23
Colgrave Cres, G32	53	CB34
Colinbar Circle, (Barr.) G78	73	AX44
Colinslee Av, Pais. PA2	59	AV36
Colinslee Cres, Pais. PA2	59	AV36
Colinslee Dr, Pais. PA2	59	AV36
Colinslie Rd, G53	61	BE37
Colinton Pl, G32	54	CD30
Colintraive Av, G33	39	CB25
Colintraive Cres, G33	39	CA26
Coll Av, Renf. PA4	32	AZ28
College La, Pais. PA1	44	AT32
College St, G1	15	BT30
Collessie Dr, G33	40	CE27
Collina St, G20	21	BL23
Collins St, G4	15	BU30
Coll Pl, G21	38	BX27
Coll St, G21	38	BW27
Colmonell Av, G13	18	BB22
Colonsay Av, Renf. PA4	31	AY28
Colonsay Rd, Pais. PA2	58	AT38
Colquhoun Av, G52	47	BC30
Colston Av, (Bishop.) G64	23	BV22
Colston Dr, (Bishop.) G64	23	BV22
Colston Gdns, (Bishop.) G64	23	BV22
Colston Path, (Bishop.) G64	23	BU22
Colston Pl, (Bishop.) G64	23	BU22

Colston Rd, (Bishop.) G64	23	BU22
Coltmuir Cres, (Bishop.) G64	23	BU21
Coltmuir Dr, (Bishop.) G64	23	BU21
Coltmuir Gdns, (Bishop.) G64	23	BU21
Coltmuir St, G22	22	BR23
Coltness La, G33	54	CE30
Coltness St, G33	40	CE29
Coltpark Av, (Bishop.)	23	BU21
Coltpark La, (Bishop.) G64	23	BU21
Columba St, G51	48	BK30
Colvend Dr, (Ruther.) G73	80	BX42
Colvend La, G40	51	BV34
Colvend St, G40	51	BV34
Colville Dr, (Ruther.) G73	67	BZ39
Colwood Av, G53	76	BC41
Colwood Gdns, G53	75	BC42
Colwood Pl, G53	75	BC42
Colwood Sq, G53	75	BC41
Comedie Rd, G33	40	CG25
Comelypark St, G31	51	BV31
Commerce St, G5	14	BR32
Commercial Ct, G5	15	BT32
Commercial Rd, G5	55	BS33
Commercial Rd, (Barr.) G78	73	AY42
Commonhead Rd, G34	42	CM29
Commore Av, (Barr.) G78	74	AZ44
Commore Dr, G13	19	BC22
Comrie Rd, G33	26	CE24
Comrie St, G32	54	CD34
Conan Ct, (Camb.) G72	82	CF40
Cona St, (Thornlie.) G46	76	BG41
Congress Rd, G3	12	BM30
Congress Way, G3	12	BN30
Conisborough Cl, G34	41	CJ28
Conisborough Rd, G34	41	CH27
Conistone Cres, (Baill.) G69	55	CH33
Connal St, G40	52	BX34
Conniston St, G32	53	CA30
Connor Rd, (Barr.) G78	73	AX42
Consett La, G33	40	CE29
Consett St, G33	40	CE29
Contin Pl, G12	21	BM24
Cook St, G5	13	BQ32
Cooperage Ct, G14	18	AZ23
Cooperage Pl, G3	35	BL29
Coopers Well St, G11	35	BL28
Copland Pl, G51	49	BK30
Copland Quad, G51	48	BK31
Copland Rd, G51	48	BK31
Coplaw Ct, G42	50	BQ34
Coplaw St, G42	50	BQ34
Copperfield La, (Udd.) G71	71	CQ38
Corbett Ct, G32	53	CB34
Corbett St, G32	53	CB34
Cordiner La, G44	64	BR38
Cordiner St, G44	64	BR38
Corkerhill Gdns, G52	48	BG33
Corkerhill Pl, G52	61	BF35
Corkerhill Rd, G52	61	BF35
Corlaich Av, G42	65	BU38
Corlaich Dr, G42	65	BU38
Cornaig Rd, G53	60	BD37
Cornalee Gdns, G53	61	BC37
Cornalee Pl, G53	61	BD38
Cornalee Rd, G53	61	BC38
Cornhill St, G21	24	BW24
Corn St, G4	10	BR27
Cornwall Av, (Ruther.) G73	67	BZ40
Cornwall St, G41	12	BM32

Cornwall St S, G41	49	BM33
Coronation Pl, (Gart.) G69	28	CN22
Corpach St, G34	42	CM28
Corran St, G33	39	CB29
Corrie Dr, Pais. PA1	46	BA33
Corrie Gro, G44	78	BP41
Corrour Rd, G43	63	BM38
Corsebar Av, Pais. PA2	58	AS35
Corsebar Cres, Pais. PA2	58	AS36
Corsebar Dr, Pais. PA2	58	AS35
Corsebar Rd, Pais. PA2	44	AS34
Corsehill Path, G34	42	CL29
Corsehill Pl, G34	42	CL29
Corsehill St, G34	42	CL29
Corselet Rd, G53	75	BA42
Corse Rd, G52	46	BA31
Corsewall Av, G32	54	CG34
Corsford Dr, G53	61	BE39
Corsock St, G31	52	BY30
Corston St, G33	38	BZ29
Cortachy Pl, (Bishop.) G64	24	BZ22
Corunna St, G3	8	BN29
Coshneuk Rd, G33	26	CD24
Cottar St, G20	21	BN22
Cotton St, G40	65	BV35
Cotton St, Pais. PA1	44	AV33
Coulin Gdns, G22	37	BT25
County Av, (Camb.) G72	67	BZ38
County Pl, Pais. PA1	44	AU32
County Sq, Pais. PA1	44	AU32
Couper St, G4	11	BT28
Courthill Av, G44	78	BR40
Coustonholm Rd, G43	63	BM37
Coventry Dr, G31	38	BX29
Cowal Rd, G20	21	BK22
Cowal St, G20	21	BL22
Cowan Cl, (Barr.) G78	74	AZ41
Cowan Cres, (Barr.) G78	74	AZ43
Cowan La, G12	8	BN27
Cowan St, G12	8	BN27
Cowan Wynd, (Udd.) G71	71	CQ37
Cowcaddens Rd, G4	10	BR28
Cowdenhill Circ, G13	19	BF21
Cowdenhill Pl, G13	19	BF21
Cowdenhill Rd, G13	19	BF21
Cowden St, G51	47	BG31
Cowdray Cres, Renf. PA4	32	AZ26
Cowglen Rd, G53	61	BE38
Cowlairs Rd, G21	37	BU25
Coxhill St, G21	37	BT26
Coxton Pl, G33	40	CF28
Coylton Rd, G43	77	BN40
Craggan Dr, G14	18	BB23
Crags Av, Pais. PA2	59	AV36
Crags Cres, Pais. PA2	59	AV35
Crags Rd, Pais. PA2	58	AV36
Craigallian Av, (Camb.) G72	82	CF42
Craiganour La, G43	63	BL39
Craigard Pl, (Ruther.) G73	81	BZ42
Craigbank Dr, G53	60	BC39
Craigbarnet Cres, G33	40	CD25
Craigbo Av, G23	21	BM21
Craigbo Pl, G23	21	BM21
Craigbo Rd, G23	21	BM20
Craigbay St, G21	38	BX25
Craigellan Rd, G43	63	BM39
Craigenbay St, G21	38	BX25
Craigencart Dr, Coat. ML5	57	CS33
Craigend Dr, Coat. ML5	57	CS33
Craigendmuir Rd, G33	40	CG25
Craigendmuir St, G33	38	BZ27
Craigendon Oval, Pais. PA2	58	AS39
Craigendon Rd, Pais. PA2	58	AS38
Craigend Pl, G13	20	BG23
Craigend St, G13	20	BG23
Craigflower Gdns, G53	75	BC41
Craigflower Rd, G53	75	BC41
Craighall Rd, G4	10	BR27
Craighead Av, G33	38	BZ26
Craighead St, (Barr.) G78	73	AX43

Craighead Way, (Barr.) G78	73	AX43
Craighouse St, G33	39	CC28
Craigiebar Dr, Pais. PA2	58	AS37
Craigieburn Gdns, G20	21	BK21
Craigiehall Pl, G51	12	BM31
Craigielea Pk, Renf. PA4	31	AY26
Craigielea Rd, Renf. PA4	31	AY26
Craigielea St, G31	38	BW29
Craigie St, G42	64	BQ35
Craigievar St, G33	40	CG27
Craigknowe Rd, (Blan.) G72	84	CL43
Craigleith St, G32	53	CA31
Craiglockhart St, G33	40	CF27
Craigmillar Rd, G42	64	BQ38
Craigmont Dr, G20	21	BN24
Craigmont St, G20	21	BN23
Craigmore St, G31	52	BY31
Craigmount Av, Pais. PA2	58	AS39
Craigmuir Cres, G52	46	BB31
Craigmuir Pl, G52	46	BA31
Craigmuir Rd, G52	46	BA31
Craigneil St, G33	41	CG27
Craignure Rd, (Ruther.) G73	80	BX42
Craigpark, G31	52	BW30
Craigpark Dr, G31	52	BW30
Craig Rd, G44	78	BQ40
Craigton Av, (Barr.) G78	74	BA44
Craigton Dr, G51	48	BH31
Craigton Dr, (Barr.) G78	74	BA44
Craigton Pl, G51	48	BG31
Craigton Pl, (Blan.) G72	84	CM44
Craigton Rd, G51	48	BH31
Craigvicar Gdns, G32	54	CF33
Craigwell Av, (Ruther.) G73	66	BZ39
Crail St, G31	53	BZ32
Crammond Av, Coat. ML5	57	CS33
Cramond Av, Renf. PA4	33	BA27
Cramond St, G5	65	BT35
Cramond Ter, G32	54	CD32
Cranborne Rd, G12	20	BJ24
Cranbrooke Dr, G20	21	BM22
Cranston St, G3	9	BP29
Cranworth La, G12	35	BM26
Cranworth St, G12	35	BM26
Crathes Ct, G44	77	BN41
Crathie Dr, G11	34	BJ27
Crawford Cres, (Udd.) G71	70	CN38
Crawford Dr, G15	18	BB20
Crawford St, G11	34	BJ27
Crawfurd Gdns, (Ruther.) G73	80	BY41
Crawfurd Rd, (Ruther.) G73	80	BX41
Craw Rd, Pais. PA2	44	AS34
Crebar Dr, (Barr.) G78	73	AY43
Crebar St, (Thornlie.) G46	76	BG41
Credon Gdns, (Ruther.) G73	80	BY41
Cree Av, (Bishop.) G64	24	BZ20
Cree Gdns, G32	53	CB32
Creran St, Renf. PA4	31	AX25
Crescent Rd, G13	19	BD24
Crescent Rd, G14	19	BD24
Cressdale Av, G45	79	BT43
Cressdale Ct, G45	79	BT43
Cressdale Dr, G45	79	BT43
Cressland Dr, G45	79	BT44
Cressland Pl, G45	79	BT44
Cresswell La, G12	35	BM26
Cresswell St, G12	35	BM26
Cressy St, G51	34	BG29
Crest Av, G13	19	BD21
Crestlea Av, Pais. PA2	58	AU37
Crichton Ct, G45	79	BV43
Crichton St, G21	37	BU25

Criffell Gdns, G32 54 CF34
Criffell Rd, G32 54 CF33
Crimea St, G2 13 BQ30
Crinan Gdns, (Bishop.) 24 BY20
G64
Crinan Rd, (Bishop.) G64 24 BY20
Crinan St, G31 35 BY31
Cripps Av, Clyde. G81 18 AZ20
Croftbank Av, (Both.) G71 85 CR44
Croftbank Cres, (Both.) 85 CR44
G71
Croftbank Gate, (Both.) 85 CR44
G71
Croftbank Gro, (Udd.) G71 71 CP39
Croftbank St, G21 37 BV25
Croftburn Dr, G44 79 BT41
Croftcroighn Rd, G33 40 CD28
Croftend Av, G44 65 BU39
Croftfoot Cres, G45 80 BW41
Croftfoot Dr, G45 79 BV41
Croftfoot Quad, G45 79 BT41
Croftfoot Rd, G44 79 BT41
Croftfoot Rd, G45 79 BV41
Croftfoot Ter, G45 79 BV41
Crofthead St, (Udd.) G71 85 CP40
Crofthill Av, (Udd.) G71 71 CP39
Crofthill Rd, G44 79 BU40
Crofthouse Dr, G44 79 BU41
Croftmont Av, G44 79 BU41
Crofton Av, G44 79 BT41
Croftpark Av, G44 79 BS41
Croft Rd, (Camb.) G72 82 CD40
Croftside Av, G44 79 BU41
Croftspur Av, G32 54 CE31
Croftspur Dr, G32 54 CE31
Croftspur Gro, G32 54 CE31
Croftspur Pl, G32 54 CE31
Croft Way, Renf. PA4 32 AZ28
Croftwood Av, G44 79 BT41
Croft Wynd, (Udd.) G71 71 CQ39
Cromarty Av, G43 64 BP39
Cromarty Gdns, (Clark.) 78 BQ44
G76
Cromarty Pl, (Chry.) G69 28 CM20
Crombie Gdns, (Baill.) 55 CJ34
G69
Cromdale St, G51 48 BG31
Cromer Gdns, G20 22 BP24
Crompton Av, G44 78 BR40
Cromwell La, G20 9 BQ27
Cromwell St, G20 9 BQ27
Cronberry Quad, G52 46 BB34
Cronberry Ter, G52 46 BB34
Crookston Av, G52 46 BC33
Crookston Ct, G52 46 BC33
Crookston Dr, G52 46 BB33
Crookston Dr, Pais. PA1 46 BB33
Crookston Gdns, G52 46 BB33
Crookston Gro, G52 46 BC33
Crookston Pl, G52 46 BB34
Crookston Quad, G52 46 BB34
Crookston Rd, G52 46 BB34
Crookston Rd, G53 60 BC37
Crosbie La, G20 21 BL21
Crosbie St, G20 21 BL21
Cross, The, Pais. PA1 44 AU32
Cross Arthurlie St, 73 AX42
(Barr.) G78
Crossbank Av, G42 65 BU36
Crossbank Dr, G42 65 BT36
Crossbank Rd, G42 65 BT36
Crossbank Ter, G42 65 BT36
Crossflat Cres, Pais. PA1 45 AW32
Crosshill Av, G42 64 BR36
Crosshill Dr, (Ruther.) 66 BX39
G73
Crosslees Dr, (Thornlie.) 76 BH42
G46
Crosslees Pk, (Thornlie.) 76 BH42
G46

Crosslees Rd, (Thornlie.) 76 BH43
G46
Crosslee St, G52 47 BF32
Crossloan Pl, G51 48 BH30
Crossloan Rd, G51 48 BH30
Crossloan Ter, G51 48 BH30
Crossmill Av, (Barr.) G78 74 AZ41
Crossmyloof Gdns, G41 63 BM36
Cross St, G32 68 CE36
Cross St, Pais. PA1 44 AS33
Crosstobs Rd, G53 61 BC36
Crossview Av, (Baill.) G69 56 CM32
Crossview Pl, (Baill.) G69 56 CM32
Crovie Rd, G53 60 BC38
Crowflats Rd, (Udd.) G71 71 CS36
Crowhill Dr, G42 54 CG31
Crowhill Rd, (Bishop.) 23 BV21
G64
Crowhill St, G22 22 BS23
Crow La, G13 20 BJ24
Crowlin Cres, G33 40 CD29
Crown Circ, G12 35 BL26
Crown Gdns, G12 35 BL26
Crownhall Pl, G32 54 CE32
Crownhall Rd, G32 54 CE32
Crownpoint Rd, G40 51 BV32
Crown Rd N, G12 35 BK26
Crown Rd S, G12 35 BK26
Crown St, G5 14 BS32
Crown St, (Baill.) G69 55 CH34
Crown Ter, G12 35 BK26
Croy Pl, G21 24 BY24
Croy Rd, G21 24 BY24
Cruachan Av, Pais. PA2 58 AU37
Cruachan Av, Renf. PA4 31 AY28
Cruachan Dr, (Barr.) G78 73 AY43
Cruachan Rd, (Ruther.) 81 BZ42
G73
Cruachan Rd, (Thornlie.) 76 BH41
G46
Cruachan Way, (Barr.) 73 AY44
G78
Cruden St, G51 48 BH31
Crum Av, (Thornlie.) G46 76 BJ42
Crusader Av, G13 19 BF20
Cubie St, G40 51 BV32
Cuilhill Rd, (Baill.) G69 57 CP30
Cuillins, The, (Udd.) G71 70 CN36
Cuillins Rd, (Ruther.) G73 81 BZ43
Cuillin Way, (Barr.) G78 73 AY43
Culbin Dr, G13 18 BB21
Cullen Pl, (Udd.) G71 71 CQ37
Cullen St, G32 53 CC33
Culloden St, G31 38 BX29
Culrain Gdns, G32 53 CC32
Culrain St, G32 53 CC32
Culross La, G32 54 CE33
Culross St, G32 54 CE33
Cults St, G51 48 BH31
Culzean Cres, (Baill.) G69 55 CJ33
Culzean Dr, G32 54 CF33
Cumberland Pl, G5 51 BS33
Cumberland Pl, Coat. 57 CS33
ML5
Cumberland St, G5 14 BR32
Cumbernauld Rd, G31 52 BX30
Cumbernauld Rd, G33 39 BZ28
Cumbernauld Rd, (Chry.) 27 CJ22
G69
Cumbrae Rd, Pais. PA2 58 AU38
Cumbrae Rd, Renf. PA4 32 AZ28
Cumbrae St, G33 39 CC29
Cumlodden Dr, G20 21 BL22
Cumming Dr, G42 64 BR37
Cumnock Dr, (Barr.) G78 74 AZ44
Cumnock Rd, G33 25 CA23
Cunard Ct, Clyde. G81 17 AX21

Cunard St, Clyde. G81 17 AX21
Cunningham Dr, (Giff.) 77 BN42
G46
Cunningham Rd, G52 32 BB29
Cunningham Rd, 66 BY36
(Ruther.) G73
Curfew Rd, G13 19 BF20
Curle St, G14 34 BG27
Curling Gdns, G44 65 BS38
Currie St, G20 21 BN23
Curtis Av, G44 65 BU38
Curtis Av, (Ruther.) G73 65 BS37
Curzon St, G20 21 BN23
Cut, The, (Udd.) G71 84 CP40
Cuthbertson St, G42 64 BQ35
Cuthbert St, (Udd.) G71 71 CR38
Cuthelton Dr, G31 53 CA33
Cuthelton St, G31 53 BZ33
Cuthelton Ter, G31 53 BZ33
Cypress Av, (Udd.) G71 71 CR37
Cypress St, G22 23 BT24
Cypress Way, (Camb.) 83 CH41
G72
Cyprus Gro, (Baill.) G69 57 CR31
Cyril St, Pais. PA1 45 AW33

D

Daer Av, Renf. PA4 32 BA28
Dairsie Gdns, (Bishop.) 24 BZ21
G64
Dairsie St, G44 78 BP41
Daisy St, G42 64 BR35
Dakota Way, Renf. PA4 32 AZ28
Dalbeth Pl, G32 67 CB35
Dalbeth Rd, G32 67 CB35
Dalcraig Cres, (Blan.) G72 84 CL43
Dalcross St, G11 35 BL27
Daldowie Av, G32 54 CF34
Daldowie Rd, (Udd.) G71 69 CJ35
Dale Path, G40 51 BV33
Dale St, G40 51 BV33
Daleview Av, G12 21 BK23
Dale Way, (Ruther.) G73 80 BX41
Dalfoil Ct, Pais. PA1 46 BB33
Dalgarroch Av, Clyde. 18 BA21
G81
Dalhousie La, G3 9 BQ28
Dalhousie St, G3 9 BQ28
Dalilea Dr, G34 42 CM28
Dalilea Pl, G34 42 CM28
Dalintober St, G5 13 BQ32
Dalkeith Av, G41 49 BK33
Dalmahoy St, G32 53 CA30
Dalmally St, G20 36 BP26
Dalmarnock Br, G40 51 BV33
Dalmarnock Br, (Ruther.) 66 BX35
G73
Dalmarnock Ct, G40 52 BX34
Dalmarnock Rd, G40 51 BV33
Dalmarnock Rd, 66 BX35
(Ruther.) G73
Dalmarnock Rd Ind Est, 66 BX36
(Ruther.) G73
Dalmary Dr, Pais. PA1 45 AX31
Dalmellington Dr, G53 61 BC37
Dalmellington Rd, G53 60 BC37
Dalmeny Av, (Giff.) G46 77 BL42
Dalmeny Dr, (Barr.) G78 73 AW43
Dalmeny St, G5 65 BU35
Dalnair Pl, G3 35 BL28
Dalnair St, G3 35 BL28
Dalness St, G32 53 CC34
Dalreoch Av, (Baill.) G69 56 CL32
Dalriada St, G40 52 BY33
Dalry Rd, (Udd.) G71 71 CR38
Dalry St, G32 54 CD33
Dalserf Ct, G31 52 BX32

Dalserf Cres, (Giff.) G46	77	BK44	
Dalserf Gdns, G31	52	BX32	
Dalserf St, G31	52	BX32	
Dalsholm Av, G20	20	BK21	
Dalsholm Ind Est, G20	20	BK21	
Dalsholm Rd, G20	20	BK22	
Dalswinton Path, G34	42	CM29	
Dalswinton St, G34	42	CL29	
Dalton Av, Clyde. G81	18	BA20	
Dalton St, G31	53	CA32	
Dalveen Ct, (Barr.) G78	73	AY44	
Dalveen Dr, (Udd.) G71	70	CN37	
Dalveen St, G32	53	CB32	
Dalveen Way, (Ruther.) G73	80	BY42	
Dalwhinnie Av, (Blan.) G72	84	CL43	
Daly Gdns, (Blan.) G72	84	CN44	
Dalziel Dr, G41	49	BL34	
Dalziel Quad, G41	49	BL34	
Dalziel Rd, G52	32	BB29	
Damshot Cres, G53	61	BF36	
Damshot Rd, G53	61	BF38	
Danby Rd, (Baill.) G69	55	CH33	
Danes Av, G14	38	BE25	
Danes Cres, G14	19	BD24	
Danes Dr, G14	19	BD24	
Dargarvel Av, G41	48	BK33	
Darleith St, G32	53	CB32	
Darnaway Av, G33	40	CF27	
Darnaway Dr, G33	40	CF27	
Darnaway St, G33	40	CF27	
Darnick St, G21	63	BX26	
Darnley Gdns, G41	63	BN35	
Darnley Ind Est, G53	75	BD41	
Darnley Mains Rd, G53	75	BE42	
Darnley Rd, G41	63	BN35	
Darnley Rd, (Barr.) G78	74	AZ42	
Darnley St, G41	64	BP35	
Dartford St, G22	35	BR26	
Darvel Cres, Pais. PA1	46	AZ32	
Darvel St, G53	60	BB39	
Davaar Dr, Pais. PA2	58	AU38	
Davaar Rd, Renf. PA4	32	AZ28	
Davaar St, G40	53	BX33	
Dava St, G51	48	BJ30	
David Pl, (Baill.) G69	55	CH33	
David Pl, Pais. PA3	45	AX30	
Davidson Pl, G32	54	CE31	
Davidson St, G40	66	BW35	
Davidson St, Clyde. G81	18	BA21	
David St, G40	52	BW32	
David Way, Pais. PA3	45	AX30	
Davieland Rd, (Giff.) G46	76	BJ44	
Daviot St, G51	47	BF31	
Dawson Pl, G4	36	BR26	
Dawson Rd, G4	36	BR26	
Deaconsbank Av, (Thornlie.) G46	75	BF44	
Deaconsbank Cres, (Thornlie.) G46	75	BF44	
Deaconsbank Gro, (Thornlie.) G46	76	BG44	
Deaconsbank Pl, (Thornlie.) G46	75	BF44	
Dealston Rd, (Barr.) G78	73	AX41	
Deanbrae St, (Udd.) G71	71	CP39	
Dean Cres, (Chry.) G69	28	CM20	
Deanfield Quad, G52	46	BB31	
Dean Pk Dr, (Camb.) G72	82	CF41	
Dean Pk Rd, Renf. PA4	32	BA27	
Deans Av, (Camb.) G72	82	CF42	
Deanside Rd, G52	32	BC29	
Deanston Av, (Barr.) G78	73	AX44	
Deanston Dr, G41	63	BM37	
Deanston Gdns, (Barr.) G78	73	AX44	
Deanston Pk, (Barr.) G78	73	AX44	
Dean St, Clyde. G81	17	AY20	
Deanwood Av, G44	78	BP42	
Deanwood Rd, G44	78	BP42	
Dechmont Av, (Camb.) G72	82	CF42	
Dechmont Cotts, (Camb.) G72	83	CH42	
Dechmont Gdns, (Blan.) G72	84	CL44	
Dechmont Pl, (Camb.) G72	82	CF42	
Dechmont St, G31	52	BY32	
Dechmont Vw, (Udd.) G71	71	CQ38	
Dee Av, Renf. PA4	32	BA26	
Dee St, G33	38	BZ28	
Delny Pl, G33	55	CG30	
Delvin Rd, G44	78	BQ39	
Denbeck St, G32	53	CB32	
Denbrae St, G32	53	CB32	
Dene Wk, (Bishop.) G64	24	BY21	
Denewood Av, Pais. PA2	58	AT37	
Denham St, G22	36	BR26	
Denholm Dr, (Giff.) G46	77	BL44	
Denmark St, G22	36	BS25	
Denmilne Gdns, G34	56	CL30	
Denmilne Path, G34	56	CL30	
Denmilne Pl, G34	56	CL30	
Denmilne Rd, (Baill.) G69	56	CM30	
Denmilne St, G34	56	CL30	
Derby St, G3	8	BN29	
Derby Ter La, G3	8	BN29	
Derwent Dr, Coat. ML5	43	CS27	
Derwent St, G22	36	BR25	
Despard Av, G32	54	CF33	
Despard Gdns, G32	54	CG33	
Deveron Av, (Giff.) G46	77	BM43	
Deveron St, G33	38	BZ28	
Deveron St, Coat. ML5	43	CS28	
Devol Cres, G53	61	BD37	
Devondale Av, (Blan.) G72	84	CM44	
Devon Pl, G41	50	BR33	
Devonshire Gdns, G12	35	BK25	
Devonshire Ter, G12	35	BK25	
Devonshire Ter La, G12	35	BK25	
Devon St, G5	50	BR33	
Dewar Cl, (Udd.) G71	71	CQ36	
Diana Av, G13	19	BD21	
Dick St, G20	38	BP26	
Dilwara Av, G14	34	BG27	
Dinard Dr, (Giff.) G46	77	BL41	
Dinart St, G33	38	BZ28	
Dinduff St, G34	42	CL28	
Dinmont Rd, G41	63	BM36	
Dinwiddie St, G21	38	BY27	
Dinyra Pl, (Glenb.) Coat. ML5	29	CS23	
Dirleton Dr, G41	63	BN37	
Dirleton Pl, G41	63	BN37	
Dixon Av, G42	64	BR36	
Dixon Pl, G42	64	BR36	
Dixons Blazes Ind Est, G5	50	BS34	
Dixon St, G1	14	BR31	
Dixon St, Pais. PA1	45	AV33	
Dobbies Ln, G4	10	BR28	
Dobbies Ln Pl, G4	11	BT29	
Dochart Av, Renf. PA4	32	BA26	
Dochart St, G33	39	CA27	
Dock St, Clyde. G81	18	AZ22	
Dodhill Pl, G13	20	BD23	
Dodside Gdns, G32	54	CE33	
Dodside Pl, G32	54	CE33	
Dodside St, G32	54	CE33	
Dolan St, (Baill.) G69	55	CK32	
Dollar Ter, G20	21	BL21	
Dolphin Rd, G41	63	BM35	
Donaldson Grn, (Udd.) G71	71	CR37	
Donaldswood Pk, Pais. PA2	58	AS37	
Donaldswood Rd, Pais. PA2	58	AS37	
Donald Way, (Udd.) G71	71	CQ38	
Don Av, Renf. PA4	32	BA27	
Doncaster St, G20	36	BQ25	
Donnies Brae, (Neil.) G78	73	AV44	
Don St, G33	38	BZ29	
Doonfoot Rd, G43	63	BM39	
Dora St, G40	51	BV34	
Dorchester Av, G12	20	BJ23	
Dorchester Ct, G12	20	BJ23	
Dorchester Pl, G12	20	BJ23	
Dorlin Rd, G33	27	CG24	
Dormanside Rd, G53	47	BD34	
Dornal Av, G13	18	BA22	
Dornford Av, G32	68	CF35	
Dornford Rd, G32	68	CF35	
Dornie Dr, G32	68	CD37	
Dornie Dr, (Thornlie.) G46	76	BG42	
Dornoch Av, (Giff.) G46	77	BL44	
Dornoch Pl, (Chry.) G69	28	CM20	
Dornoch St, G40	51	BV32	
Dorset St, G3	9	BP29	
Dosk Av, G13	18	BA21	
Dosk Pl, G13	18	BA21	
Dougalston Rd, G23	21	BN20	
Douglas Av, G32	68	CD37	
Douglas Av, (Giff.) G46	77	BL44	
Douglas Av, (Ruther.) G73	80	BY40	
Douglas Cres, (Udd.) G71	71	CR37	
Douglas Dr, G15	19	BB20	
Douglas Dr, (Baill.) G69	55	CH32	
Douglas Dr, (Both.) G71	85	CQ44	
Douglas Dr, (Camb.) G72	81	CB40	
Douglas Dr, Pais. PA1	44	AS32	
Douglas Gdns, (Giff.) G46	77	BL44	
Douglas Gdns, (Udd.) G71	85	CP40	
Douglas Gate, (Camb.) G72	81	CB40	
Douglas La, G2	9	BQ29	
Douglas Rd, Renf. PA4	31	AW29	
Douglas St, G2	9	BQ29	
Douglas St, (Udd.) G71	71	CR38	
Douglas St, Pais. PA1	44	AS32	
Dougray Pl, (Barr.) G78	73	AY43	
Dougrie Dr, G45	79	BT42	
Dougrie Gdns, G45	79	BT43	
Dougrie Pl, G45	79	BU42	
Dougrie Rd, G45	79	BT42	
Dougrie St, G45	79	BU42	
Dougrie Ter, G45	79	BT42	
Doune Gdns, G20	35	BN26	
Doune Gdns La, G20	35	BN26	
Doune Quad, G20	35	BN26	
Dovecot, G43	63	BL37	
Dovecothall St, (Barr.) G78	74	AZ42	
Dover St, G3	8	BN29	
Dove St, G53	74	BC40	
Dowanhill St, G11	35	BL27	
Dowanhill St, G12	35	BL26	
Dowanside Rd, G12	35	BL26	
Downcraig Dr, G45	79	BT43	
Downcraig Gro, G45	79	BS43	
Downcraig Rd, G45	79	BS44	
Downcraig Ter, G45	79	BT43	
Downfield Gdns, (Both.) G71	84	CP43	
Downfield St, G32	53	CA34	
Downiebrae Rd, (Ruther.) G73	66	BX35	
Downie Cl, (Udd.) G71	71	CR37	
Downs St, G21	37	BV25	
Dowrie Cres, G53	61	BD36	
Drakemire Av, G45	78	BS41	
Drakemire Dr, G45	78	BS42	
Drakemire Dr, G44	78	BS42	
Drake St, G40	15	BU32	
Dreghorn St, G31	52	BY30	
Drimnin Rd, G33	27	CH24	
Drive Rd, G51	34	BG29	

Street	Page	Grid
Drochil St, G34	41	CJ28
Drumbeg Dr, G53	60	BE39
Drumbottie Rd, G21	24	BW24
Drumcavel Rd, (Muir.) G69	28	CM22
Drumclog Gdns, G33	25	CB23
Drumcross Pl, G53	67	CC36
Drumcross Rd, G53	61	BE36
Drumhead La, G32	67	CB36
Drumhead Pl, G32	67	CB36
Drumhead Rd, G32	67	CB36
Drumilaw Rd, (Ruther.) G73	80	BW40
Drumilaw Way, (Ruther.) G73	80	BW40
Drumlaken St, G23	21	BL20
Drumlanrig Av, G34	42	CL28
Drumlanrig Pl, G34	42	CM28
Drumlochy Rd, G33	39	CC28
Drummond Av, (Ruther.) G73	65	BV37
Drummond Dr, Pais. PA1	46	AZ33
Drumover Dr, G31	53	CA33
Drumoyne Av, G51	34	BG29
Drumoyne Circ, G51	48	BG31
Drumoyne Dr, G51	48	BG30
Drumoyne Pl, G51	48	BG31
Drumoyne Quad, G51	48	BG31
Drumoyne Rd, G51	48	BG31
Drumoyne Sq, G51	48	BG30
Drumpark St, (Thornlie.) G46	76	BH41
Drumpark St, Coat. ML5	57	CR33
Drumpellier Av, (Baill.) G69	55	CK34
Drumpellier Av, Coat. ML5	57	CS30
Drumpellier Pl, (Baill.) G69	55	CK33
Drumpellier Rd, (Baill.) G69	55	CJ34
Drumpellier St, G33	39	BZ27
Drumreoch Dr, G42	65	BU37
Drumreoch Pl, G42	65	BU37
Drumsack Av, (Chry.) G69	27	CK21
Drumsargard Rd, (Ruther.) G73	80	BZ40
Drums Cres, Pais. PA3	44	AS31
Drumshaw Dr, G32	68	CE37
Drums Rd, G53	47	BC34
Drury St, G2	14	BR30
Dryad St, (Thornlie.) G46	76	BG40
Dryburgh Av, (Ruther.) G73	66	BX38
Dryburn Av, G52	47	BC32
Drygate, G4	15	BU30
Drygrange Rd, G33	40	CE27
Drymen St, G52	48	BG32
Drynoch Pl, G22	22	BR22
Drysdale St, G14	18	BA24
Duart St, G20	21	BL21
Dubbs Rd, (Barr.) G78	74	BA42
Dubton Path, G34	41	CK28
Dubton St, G34	41	CK28
Duchall Pl, G14	33	BD25
Duchess Pl, (Ruther.) G73	67	BY37
Duchess Rd, (Ruther.) G73	66	BY36
Duchray Dr, Pais. PA1	44	BB33
Duchray La, G33	38	BZ28
Duchray St, G33	38	BZ28
Dudhope St, G33	40	CF27
Dudley Dr, G12	34	BJ26
Dudley Dr, Coat. ML5	43	CS27
Dudley La, G12	34	BJ26
Duffus Pl, G32	68	CE37
Duffus St, G34	41	CH28
Duffus Ter, G32	68	CE37
Duisdale Rd, G32	68	CE37
Dukes Gate, (Both.) G71	84	CN41

Street	Page	Grid
Dukes Rd, (Baill.) G69	57	CP32
Dukes Rd, (Camb.) G72	67	CA39
Dukes Rd, (Ruther.) G73	80	BY40
Duke St, G4	15	BU30
Duke St, G31	52	BW30
Duke St, Pais. PA2	58	AU35
Dulnain St, (Camb.) G72	82	CF40
Dulsie Rd, G21	24	BY23
Dumbarton Rd, G11	34	BJ27
Dumbarton Rd, G14	38	BG27
Dumbreck Av, G41	48	BJ33
Dumbreck Ct, G41	48	BJ34
Dumbreck Pl, G41	48	BJ34
Dumbreck Rd, G41	48	BK34
Dumbreck Sq, G41	48	BJ33
Dunagoil Pl, G45	79	BU43
Dunagoil Pl, G45	79	BU44
Dunagoil Rd, G45	79	BT43
Dunagoil St, G45	79	BU43
Dunagoil Ter, G45	79	BU44
Dunalistair Dr, G33	26	CD24
Dunan Pl, G33	55	CG30
Dunard Rd, (Ruther.) G73	66	BX38
Dunard St, G20	36	BP25
Dunaskin St, G11	35	BL28
Dunbar Av, (Ruther.) G73	66	BY38
Dunbeith Pl, G20	21	BM24
Dunblane St, G4	10	BR28
Duncan Av, G14	33	BE26
Duncansby Rd, G33	54	CF31
Dunchattan Pl, G31	51	BV30
Dunchattan St, G31	51	BV30
Dunchurch Rd, Pais. PA1	46	AZ32
Dunclutha Dr, (Both.) G71	85	CQ44
Dunclutha St, G40	66	BX35
Duncombe St, G20	21	BM22
Duncrub Dr, (Bishop.) G64	23	BU20
Duncruin St, G20	21	BM22
Duncryne Av, G32	54	CF33
Duncryne Gdns, G32	54	CG33
Duncryne Pl, (Bishop.) G64	23	BU21
Dundasshill, G4	10	BR27
Dundas La, G1	10	BS29
Dundas St, G1	10	BS29
Dundee Dr, G52	47	BD33
Dundee Path, G52	47	BE34
Dundonald Rd, G12	35	BL25
Dundonald Rd, Pais. PA3	45	AW30
Dundrennan Rd, G42	64	BP38
Dunearn Pl, Pais. PA2	46	AW34
Dunearn St, G4	9	BP27
Dunedin Ter, Clyde. G81	17	AY21
Dunellan St, G52	48	BG32
Dungeonhill Rd, G34	42	CM29
Dunglass Av, G14	33	BE25
Dunira St, G32	53	CB34
Dunivaig St, G33	40	CG29
Dunkeld Av, (Ruther.) G73	66	BX38
Dunkeld St, G31	52	BY33
Dunlop Cres, (Both.) G71	85	CQ44
Dunlop Gro, (Udd.) G71	71	CO36
Dunlop St, G1	14	BS31
Dunlop St, (Camb.) G72	68	CG39
Dunmore St, G5	14	BS32
Dunmore St, Clyde. G81	17	AY21
Dunnachie Dr, Coat. ML5	57	CR33
Dunnichen Gdns, (Bishop.) G64	24	BZ20
Dunnottar St, G33	40	CD27
Dunn St, G40	52	BW33
Dunn St, Pais. PA1	45	AW32
Dunolly St, G21	38	BW28
Dunphail Dr, G34	42	CM29
Dunphail Rd, G34	42	CM29
Dunragit St, G31	52	BY30
Dunrobin St, G31	52	BX31
Dunrod St, G32	54	CD33
Dunside Dr, G53	61	BC39
Dunskaith Pl, G34	56	CM30

Street	Page	Grid
Dunskaith St, G34	42	CM29
Dunsmuir St, G51	48	BK30
Dunsyre Pl, G23	21	BN20
Dunsyre St, G33	39	CA29
Duntarvie Av, G34	42	CL29
Duntarvie Cl, G34	42	CL29
Duntarvie Cres, G34	42	CL29
Duntarvie Dr, G34	41	CK29
Duntarvie Gdns, G34	42	CL29
Duntarvie Gro, G34	42	CL29
Duntarvie Pl, G34	41	CK29
Duntarvie Rd, G34	41	CK29
Dunterlie Av, G13	19	BC23
Dunterlie Ct, (Barr.) G78	73	AY42
Duntreath Av, G13	18	BA21
Duntreath Av, G15	18	BB20
Duntreath Dr, G15	18	BB20
Duntreath Gro, G15	18	BB20
Duntroon St, G31	38	BX29
Dunure Dr, (Ruther.) G73	79	BV40
Dunure St, G20	21	BM22
Dunvegan Pl, (Udd.) G71	70	CM37
Dunwan Av, G13	18	BB22
Dunwan Pl, G13	18	BB22
Durham St, G41	12	BM32
Durno Path, G33	54	CG30
Duror St, G32	53	CC31
Durris Gdns, G32	54	CF34
Durward Av, G41	63	BM36
Durward Ct, G41	63	BM36
Duthie Pk Gdns, G13	19	BF23
Duthie Pk Pl, G13	19	BF22
Duthil St, G51	47	BF31
Dyce La, G11	34	BJ27
Dyer`s La, G1	15	BT31
Dykebar Av, G13	19	BC23
Dykebar Cres, Pais. PA2	59	AX35
Dykehead La, G33	54	CF30
Dykehead Rd, (Baill.) G69	57	CP32
Dykehead St, G33	54	CF30
Dykemuir St, G21	38	BW25
Dyke Pl, G13	18	BC21
Dyke Rd, G13	18	BC22
Dyke Rd, G14	18	BB23
Dyke St, (Baill.) G69	56	CL32
Dyke St, Coat. ML5	57	CR33

E

Street	Page	Grid
Eaglesham Path, (Glenb.) Coat. ML5	29	CS23
Eaglesham Pl, G51	12	BN31
Eagle St, G4	10	BS27
Earlbank Av, G14	33	BE25
Earl Haig Rd, G52	46	BB30
Earl La, G14	33	BE26
Earl Pl, G14	33	BE25
Earlscourt, (Mood.) G69	29	CP20
Earls Gate, (Both.) G71	84	CN42
Earlspark Av, G43	64	BP38
Earlston Av, G21	37	BV28
Earlston Pl, G21	11	BU28
Earl St, G14	33	BE26
Earlybraes Dr, G32	54	CG31
Earlybraes Gdns, G33	54	CF31
Earnock St, G33	38	BZ25
Earnside St, G32	54	CD32
Earn St, G33	39	CA28
Easdale Dr, G32	54	CC33
Easdale Path, (Glenb.) Coat. ML5	29	CS23
East Av, (Udd.) G71	71	CS39
East Av, Renf. PA4	32	AZ26
Eastbank Dr, G32	54	CE32
Eastbank Pl, G32	54	CE32
Eastbank Ri, G32	54	CE32
East Barns St, Clyde. G81	18	AZ21

East Buchanan St, Pais. PA1	44	AV32
Eastburn Cres, G21	24	BX23
Eastburn Rd, G21	24	BX24
East Campbell St, G1	15	BU31
Eastcote Av, G14	34	BG26
Eastcroft, (Ruther.) G73	66	BX37
Eastcroft Ter, G21	38	BW25
Easter Av, (Udd.) G71	70	CN39
Eastercraigs, G31	38	BX29
Easterhill Pl, G32	53	CB34
Easterhill St, G32	53	CB34
Easterhouse Quad, G34	56	CL30
Easterhouse Rd, G34	42	CL29
Easterhouse Rd, (Baill.) G69	56	CK32
Easterhouse Township Cen, G34	41	CJ29
Easter Ms, (Udd.) G71	70	CN39
Easter Queenslie Rd, G33	41	CJ29
Eastfield Av, (Camb.) G72	67	CA39
Eastfield Rd, G21	37	BU25
Eastgate, (Gart.) G69	29	CQ24
East Greenlees Av, (Camb.) G72	82	CE42
East Greenlees Cres, (Camb.) G72	82	CD42
East Greenlees Dr, (Camb.) G72	82	CE42
East Greenlees Gro, (Camb.) G72	81	CC42
East Greenlees Rd, (Camb.) G72	81	CC42
Easthall Pl, G33	55	CH30
East Kilbride Rd, (Ruther.) G73	80	BY40
East La, Pais. PA1	45	AW33
Eastmuir St, G32	54	CD32
East Queenslie Ind Est, G33	40	CG29
East Springfield Ter, (Bishop.) G64	24	BX21
Eastvale Pl, G3	35	BL29
East Wellington St, G31	52	BZ32
East Whitby St, G31	52	BY31
Eastwood Av, G41	63	BM37
Eastwood Av, (Giff.) G46	77	BL43
Eastwood Cres, (Thornlie.) G46	76	BH41
Eastwoodmains Rd, (Giff.) G46	77	BL44
Eastwoodmains Rd, (Clark.) G76	77	BL44
Eastwood Pk, (Giff.) G46	76	BJ43
Eastwood Pk, (Thornlie.) G46	76	BJ43
Eastwood Vw, (Camb.) G72	68	CG39
Eckford St, G32	53	CC33
Eday St, G22	23	BT23
Edderton Pl, G34	55	CJ30
Edderton Way, G34	55	CJ30
Eddlewood Ct, G33	55	CJ30
Eddlewood Pl, G33	55	CH30
Eddlewood Rd, G33	55	CH30
Eden La, G33	38	BZ28
Eden Pk, (Both.) G71	84	CP43
Eden Pl, (Camb.) G72	82	CF40
Eden Pl, Renf. PA4	32	BA27
Eden St, G33	38	BZ28
Edenwood St, G31	53	CA32
Edgam Dr, G52	47	BE32
Edgefauld Av, G21	37	BV26
Edgefauld Dr, G21	37	BV25
Edgefauld Pl, G21	23	BV24
Edgefauld Rd, G21	37	BV25
Edgehill La, G11	34	BJ25

Edgehill Rd, G11	34	BH25
Edgemont St, G41	63	BN37
Edinbeg Av, G42	65	BU37
Edinbeg Pl, G42	65	BU37
Edinburgh Rd, G33	53	BZ30
Edinburgh Rd, (Baill.) G69	55	CH31
Edington St, G4	10	BR27
Edison St, G52	32	BA29
Edmiston Dr, G51	48	BH31
Edrom Ct, G32	53	CB32
Edrom St, G32	53	CB32
Edward Av, Renf. PA4	32	BA25
Edward St, (Baill.) G69	57	CP32
Edward St, Clyde. G81	18	AZ22
Edwin St, G51	12	BM32
Edzell Ct, G14	33	BF27
Edzell Gdns, (Bishop.) G64	24	BY21
Edzell Pl, G14	33	BF26
Edzell St, G14	33	BF27
Egidia Av, (Giff.) G46	77	BL43
Egilsay Cres, G22	22	BS21
Egilsay Pl, G22	23	BS21
Egilsay St, G22	22	BS21
Egilsay Ter, G22	22	BS21
Eglinton Ct, G5	14	BR32
Eglinton Dr, (Giff.) G46	77	BL43
Eglinton St, G5	14	BR32
Eighth St, (Udd.) G71	70	CN36
Eildon Dr, (Barr.) G78	73	AV44
Elcho St, G40	51	BV31
Elder Cres, (Camb.) G72	83	CG41
Elder Gro, (Udd.) G71	71	CR38
Elder Gro Av, G51	47	BF30
Elder Gro Ct, G51	47	BF30
Elder Gro Pl, G51	47	BF30
Elderpark Gro, G51	48	BH30
Elderpark St, G51	48	BH30
Elderslie St, G3	9	BP28
Elder St, G51	48	BH30
Eldon Gdns, (Bishop.) G64	23	BU20
Eldon St, G3	8	BN27
Elibank St, G33	39	CC28
Elie St, G11	35	BL27
Elizabethan Way, Renf. PA4	31	AY28
Elizabeth Cres, (Thornlie.) G46	76	BJ42
Elizabeth St, G51	49	BL32
Ellangowan Rd, G41	63	BL37
Ellesmere St, G22	36	BQ25
Elliot Av, (Giff.) G46	77	BL43
Elliot Dr, (Giff.) G46	77	BL42
Elliot St, G3	12	BN30
Ellisland Cres, (Ruther.) G73	79	BV40
Ellisland Rd, G43	63	BM39
Ellismuir Pl, (Baill.) G69	56	CL33
Ellismuir Rd, (Baill.) G69	56	CL33
Ellismuir Way, (Udd.) G71	71	CQ36
Elliston Av, G53	75	BE40
Elliston Cres, G53	75	BE40
Elliston Dr, G53	75	BE40
Ellon Way, Pais. PA3	45	AV30
Elm Av, Renf. PA4	31	AY25
Elm Bk, (Bishop.) G64	24	BX20
Elmbank Av, (Udd.) G71	71	CR38
Elmbank Cres, G2	9	BQ29
Elmbank St, G2	9	BQ29
Elmbank St La, G2	9	BQ29
Elm Dr, (Camb.) G72	82	CE40
Elmfoot St, G5	65	BT35
Elmira Rd, (Muir.) G69	28	CM22
Elmore Av, G44	78	BR40
Elmore La, G44	78	BR40
Elm Rd, (Ruther.) G73	80	BX41
Elm Rd, Pais. PA2	59	AW36
Elmslie Ct, (Baill.) G69	56	CL33
Elm St, G14	33	BF26
Elmtree Gdns, G45	79	BV41

Elmvale Row, G21	23	BU24
Elmvale St, G21	23	BU24
Elm Way, (Camb.) G72	83	CG41
Elmwood Av, G11	35	BH25
Elmwood Ct, (Both.) G71	85	CQ43
Elmwood La, G11	34	BH25
Elphinstone Pl, G51	49	BL30
Elrig Rd, G44	78	BP40
Elvan St, G32	53	CB32
Embo Dr, G13	19	BD23
Emerson Rd, (Bishop.) G64	24	BW20
Emerson St, G20	22	BQ23
Endfield Av, G12	21	BK23
Endrick Dr, Pais. PA1	45	AX31
Endrick St, G21	37	BT26
Ensay St, G22	23	BT22
Enterkin St, G32	53	CB33
Eriboll Pl, G22	22	BR22
Eriboll St, G22	22	BR22
Ericht Rd, G43	77	BL40
Eriska Av, G14	19	BC24
Erradale St, G22	22	BQ22
Errogie St, G34	41	CK29
Errol Gdns, G5	50	BS33
Erskine Av, G41	49	BK33
Erskine Sq, G52	46	BB30
Ervie St, G34	56	CL30
Esk Av, Renf. PA4	32	BA27
Eskbank St, G32	53	CC31
Eskbank Toll, (Giff.) G46	77	BK44
Eskdale Dr, (Ruther.) G73	66	BZ38
Eskdale St, G42	64	BR36
Esk St, G14	18	BB24
Esmond St, G3	35	BL28
Espedair St, Pais. PA2	44	AU34
Essex Dr, G14	34	BG25
Essex La, G14	33	BF25
Esslemont Av, G14	19	BD24
Estate Quad, G32	68	CE36
Estate Rd, G32	68	CE36
Etive Cres, (Bishop.) G64	24	BX20
Etive Dr, (Giff.) G46	77	BM44
Etive St, G32	53	CC32
Eton La, G12	8	BN27
Ettrick Cres, (Ruther.) G73	66	BY38
Ettrick Pl, G43	63	BM38
Evan Cres, (Giff.) G46	77	BM43
Evan Dr, (Giff.) G46	77	BM44
Evanton Dr, (Thornlie.) G46	76	BG43
Evanton Pl, (Thornlie.) G46	76	BG42
Everard Ct, G21	23	BU22
Everard Dr, G21	23	BU23
Everard Pl, G21	23	BU22
Everard Quad, G21	23	BU23
Everglades, The, (Chry.) G69	27	CK21
Eversley St, G32	53	CC34
Everton Rd, G53	61	BE35
Ewing Pl, G31	52	BY32
Ewing St, (Ruther.) G73	66	BW38
Exeter Dr, G11	34	BJ27
Eynort St, G22	22	BQ22

F

Fagan Ct, (Blan.) G72	84	CN44
Fairbairn Cres, (Thornlie.) G46	76	BJ43
Fairbairn St, G40	52	BW33
Fairburn St, G32	53	CB33
Fairfax Av, G44	78	BS40
Fairfield Dr, Renf. PA4	32	AZ28
Fairfield Pl, (Both.) G71	85	CR43
Fairfield St, G51	34	BH29
Fairhaven Rd, G23	21	BN21
Fairhill Av, G53	61	BE38
Fairholm St, G32	53	CB33

Fairley St, G51	49	BK31
Fairlie Pk Dr, G11	34	BJ27
Fairway Av, Pais. PA2	58	AT37
Fairyknowe Gdns, (Both.) G71	85	CR43
Falcon Ter, G20	21	BL21
Falcon Ter La, G20	21	BL21
Falfield St, G5	50	BD33
Falkland Cres, (Bishop.) G64	24	BZ21
Falkland La, G12	35	BK26
Falkland St, G12	34	BK26
Falloch Rd, G42	64	BQ38
Fallside Av, (Udd.) G71	71	CS39
Fallside Rd, (Both.) G71	85	CQ43
Falside Av, Pais. PA2	58	AU36
Falside Rd, G32	68	CD35
Falside Rd, Pais. PA2	58	AT36
Fara St, G23	22	BP21
Farie St, (Ruther.) G73	65	BV37
Farm Ct, (Both.) G71	85	CR41
Farme Castle Ct, (Ruther.) G73	66	BY36
Farme Castle Est, (Ruther.) G73	66	BY36
Farme Cross, (Ruther.) G73	66	BX36
Farmeloan Ind Est, (Ruther.) G73	66	BX36
Farmeloan Rd, (Ruther.) G73	66	BX37
Farmington Av, G32	54	CF32
Farmington Gdns, G32	54	CF32
Farmington Gate, G32	54	CF33
Farmington Gro, G32	54	CF32
Farm Rd, G41	49	BD30
Farm Rd, (Blan.) G72	84	CM44
Farne Dr, G44	78	BR41
Farnell St, G4	10	BR27
Faskin Cres, G53	60	BB38
Faskin Pl, G53	60	BB38
Faskin Rd, G53	60	BB38
Fastnet St, G33	39	CC29
Fauldhouse St, G5	51	BT34
Faulds, (Baill.) G69	56	CL32
Faulds Gdns, (Baill.) G69	56	CL32
Fauldshead Rd, Renf. PA4	31	AY26
Fauldspark Cres, (Baill.) G69	56	CL31
Fearnmore Rd, G20	21	BM22
Felton Pl, G13	18	BB22
Fendoch St, G32	54	CC33
Fenella St, G32	54	CD32
Fennsbank Av, (Ruther.) G73	80	BZ42
Fenwick Dr, (Barr.) G78	74	AZ44
Fenwick Pl, (Giff.) G46	77	BK44
Fenwick Rd, (Giff.) G46	77	BL44
Ferenaze Av, (Barr.) G78	73	AX42
Ferenaze Av, Renf. PA4	31	AW29
Ferenaze Cres, G13	18	BC22
Ferenaze Dr, Pais. PA2	58	AS37
Ferenaze Gro, (Barr.) G78	73	AX41
Fergus Dr, G20	35	BN25
Fergus La, G20	36	BP25
Ferguson Av, Renf. PA4	32	AZ26
Ferguson St, Renf. PA4	32	AZ25
Fernan St, G32	53	CB32
Fern Av, (Bishop.) G64	24	BX21
Fernbank Av, (Camb.) G72	82	CE41
Fernbank St, G21	23	BU24
Fernbank St, G22	23	BU24
Fernbrae Av, (Ruther.) G73	80	BY42
Fernbrae Way, (Ruther.) G73	80	BX42
Ferncroft Dr, G44	79	BT40
Ferndale Ct, G23	21	BM21
Ferndale Dr, G23	21	BM20
Ferndale Gdns, G23	21	BM21
Ferndale Pl, G23	21	BM21
Fern Dr, (Barr.) G78	73	AX41
Ferness Oval, G21	24	BY22
Ferness Pl, G21	24	BY22
Ferness Rd, G21	24	BY23
Ferngrove Av, G12	21	BK23
Fernhill Gra, (Both.) G71	85	CC44
Fernhill Rd, (Ruther.) G73	80	BW41
Fernie Gdns, G20	21	BN22
Fern La, G13	20	BH24
Fernleigh Rd, G43	77	BM40
Ferryden St, G14	34	BG28
Ferry Rd, G3	35	BK28
Ferry Rd, (Both.) G71	85	CC43
Ferry Rd, (Udd.) G71	70	CN39
Ferry Rd, Renf. PA4	32	AZ25
Fersit St, G43	63	BL39
Fetlar Dr, G44	78	BS40
Fettercairn Gdns, (Bishop.) G64	24	BY20
Fettes St, G33	39	CB29
Fidra St, G33	39	CB29
Fielden Pl, G40	52	BW32
Fielden St, G40	52	BW32
Fieldhead Dr, G43	76	BJ40
Fieldhead Sq, G43	76	BJ40
Fife Av, G52	47	BD33
Fife Cres, (Both.) G71	85	CC44
Fife Way, (Bishop.) G64	24	BZ21
Fifth Av, G12	20	BH24
Fifth Av, (Stepps) G33	26	CD24
Fifth Av, Renf. PA4	31	AY27
Fifty Pitches Pl, G51	47	BD30
Fifty Pitches Rd, G51	47	BD30
Finart Dr, Pais. PA2	59	AX36
Finch Dr, G13	18	BC21
Findhorn St, G33	38	BZ29
Findochty St, G33	40	CG27
Fingal St, G20	21	BM22
Fingask St, G32	54	CE33
Finglas Av, Pais. PA2	59	AX36
Finglen Pl, G53	75	BD41
Fingleton Av, (Barr.) G78	74	AZ44
Finhaven St, G32	53	CA34
Finlarig St, G34	56	CL30
Finlas St, G22	37	BT25
Finlay Dr, G31	52	BW30
Finnart Sq, G40	51	BV34
Finnart St, G40	51	BV34
Finnieston Quay, G3	12	BN30
Finnieston St, G3	12	BN30
Finsbay St, G51	47	BF31
Fintry Av, Pais. PA2	58	AU37
Fintry Cres, (Bishop.) G64	24	BY21
Fintry Cres, (Barr.) G78	73	AY44
Fintry Dr, G44	65	BS38
Firbank Ter, (Barr.) G78	74	BA44
Fir Ct, (Camb.) G72	83	CG41
Firdon Cres, G15	19	BC20
Fir Gro, (Udd.) G71	71	CR38
Firhill Rd, G20	36	BQ25
Firhill St, G20	36	BQ25
Firpark Pl, (Bishop.) G64	24	BX21
Firpark St, G31	37	BV29
Firpark Ter, G31	37	BV30
Fir Pl, (Baill.) G69	55	CJ34
Fir Pl, (Camb.) G72	68	CE39
First Av, (Millerston) G33	26	CD24
First Av, G44	78	BP43
First Av, (Kirk.) G66	26	CF20
First Av, (Udd.) G71	70	CN37
First Av, Renf. PA4	31	AY27
First Gdns, G41	48	BJ33
First St, (Udd.) G71	70	CP37
Firwood Dr, G44	64	BS39
Fisher Ct, G31	51	BV30
Fishers Rd, Renf. PA4	17	AY23
Fishescoates Av, (Ruther.) G73	80	BY40
Fishescoates Gdns, (Ruther.) G73	80	BY40
Fitzalan Dr, Pais. PA3	45	AW31
Fitzalan Rd, Renf. PA4	31	AW28
Fitzroy La, G3	8	BN29
Flax Rd, (Udd.) G71	85	CQ40
Fleet Av, Renf. PA4	32	BA28
Fleet St, G32	54	CD33
Fleming Av, (Chry.) G69	28	CL22
Fleming Av, Clyde. G81	18	AZ20
Fleming St, G31	52	BX31
Fleming St, Pais. PA3	44	AU30
Flemington Ind Est, (Camb.) G72	83	CG41
Flemington Rd, (Camb.) G72	83	CH44
Flemington St, G21	37	BV26
Fleurs Av, G41	49	BK33
Fleurs Rd, G41	48	BK33
Florence Dr, (Giff.) G46	77	BL43
Florence Gdns, (Ruther.) G73	80	BY41
Florence St, G5	14	BS32
Florida Av, G42	64	BR37
Florida Cres, G42	64	BR37
Florida Dr, G42	64	BQ37
Florida Gdns, (Baill.) G69	55	CJ32
Florida Sq, G42	64	BR37
Florida St, G42	64	BR37
Florish Rd, Ersk. PA8	16	AT21
Flures Av, Ersk. PA8	16	AU21
Flures Cres, Ersk. PA8	16	AU21
Flures Dr, Ersk. PA8	16	AU21
Flures Pl, Ersk. PA8	16	AU21
Fochabers Dr, G52	47	BE31
Fogo Pl, G20	21	BM23
Foinaven Dr, (Thornlie.) G46	62	BH39
Foinaven Gdns, (Thornlie.) G46	62	BJ39
Foinaven Way, (Thornlie.) G46	76	BJ40
Forbes Dr, G40	51	BV32
Forbes Pl, Pais. PA1	44	AU33
Forbes St, G40	51	BV31
Fordneuk St, G40	52	BW32
Fordoun St, G34	42	CM29
Ford Rd, G12	35	BM25
Fordyce St, G11	35	BK27
Foremount Ter La, G12	35	BK26
Forest Dr, (Both.) G71	85	CQ42
Foresthall Cres, G21	38	BW26
Foresthall Dr, G21	38	BW26
Forest Pl, Pais. PA2	44	AU35
Fore St, G14	33	BE26
Forfar Av, G52	47	BD33
Forfar Cres, (Bishop.) G64	24	BY21
Forgan Gdns, (Bishop.) G64	24	BZ21
Forge Pl, G21	38	BX27
Forge Retail Pk, G31	52	BX31
Forge Shop Cen, The, G31	52	BY32
Forge St, G21	38	BX27
Forglen St, G34	41	CK28
Formby Dr, G23	21	BM20
Forres Av, (Giff.) G46	77	BL42
Forres Gate, (Giff.) G46	77	BM43
Forrestfield St, G21	38	BW28
Forrest Gate, (Udd.) G71	71	CR36
Forrest St, G40	52	BW32
Forteviot Av, (Baill.) G69	56	CL32
Forteviot Pl, (Baill.) G69	56	CL32
Forth Av, G41	50	BP34
Forth St, Clyde. G81	17	AY20
Forties Ct, (Thornlie.) G46	76	BH40
Forties Cres, (Thornlie.) G46	76	BJ40

Forties Gdns, (Thornlie.) G46 76 BJ40
Forties Way, (Thornlie.) G46 76 BJ40
Fortingall Av, G12 21 BL23
Fortingall Pl, G12 21 BL23
Fortrose St, G11 34 BK27
Fotheringay La, G41 63 BM35
Fotheringay Rd, G41 63 BM35
Foulis La, G13 20 BH23
Foundry La, (Barr.) G78 73 AY43
Foundry St, G21 37 BV25
Fountain Dr, (Inch.) Renf. PA4 16 AS24
Fountain St, G31 15 BU31
Fountainwell Av, G21 37 BT26
Fountainwell Dr, G21 11 BT27
Fountainwell Pl, G21 11 BT27
Fountainwell Rd, G21 11 BT27
Fountainwell Sq, G21 11 BU27
Fountainwell Ter, G21 11 BU27
Fourth Av, G33 26 CD24
Fourth Av, (Kirk.) G66 26 CF20
Fourth Av, Renf. PA4 31 AY27
Fourth Gdns, G41 48 BJ33
Fourth St, (Udd.) G71 70 CP36
Foxbar Dr, G13 19 BD23
Foxglove Pl, G53 75 BD42
Foxhills Pl, G23 21 BN20
Foxley St, G32 68 CE36
Fox St, G1 14 BR31
Foyers Ter, G21 38 BW25
Francis St, G5 50 BQ33
Frankfield Rd, G33 26 CG24
Frankfield St, G33 39 BZ27
Frankfort St, G41 63 BN36
Franklin St, G40 51 BV34
Fraser Av, (Ruther.) G73 69 BY38
Fraser St, (Camb.) G72 67 CA39
Frazer St, G40 51 BW32
Freeland Cres, G53 61 BD39
Freeland Dr, G53 61 BD39
Freeland Dr, (Inch.) Renf. PA4 16 AS23
French St, G40 51 BV34
French St, Renf. PA4 31 AX27
Freuchie St, G34 55 CK30
Friarscourt Av, G13 19 BF21
Friarscourt Rd, (Chry.) G69 27 CK20
Friarton Rd, G43 66 BP39
Friendship Way, Renf. PA4 32 AZ28
Fruin Pl, G22 37 BS25
Fruin Rd, G15 18 BB20
Fruin St, G22 37 BS25
Fulbar Av, Renf. PA4 31 AY25
Fulbar La, Renf. PA4 32 AZ25
Fulbar Rd, G51 47 BE30
Fulbar St, Renf. PA4 32 AZ25
Fullarton Av, G32 67 CC35
Fullarton Dr, G32 67 CC36
Fullarton La, G32 67 CC35
Fullarton Rd, G32 67 CB37
Fullerton St, Pais. PA3 44 AT30
Fullerton Ter, Pais. PA3 44 AU30
Fulmar Ct, (Bishop.) G64 23 BV21
Fulton St, G13 19 BF22
Fulwood Pl, G13 18 BB22
Fulwood Rd, G13 18 BB22
Fyvie Av, G43 76 BK40

G
Gadie Av, Renf. PA4 32 BA27
Gadie St, G33 38 BZ29
Gadloch Av, G22 22 BS23

Gadsburn Ct, G21 24 BY23
Gadshill St, G21 37 BV28
Gailes Pk, (Both.) G71 84 CP43
Gailes St, G40 52 BX33
Gainside Rd, (Glenb.) Coat. ML5 29 CS23
Gairbraid Av, G20 21 BL23
Gairbraid Ct, G20 21 BL23
Gairbraid Pl, G20 21 BL23
Gairbraid Ter, (Baill.) G69 57 CQ32
Gala Av, Renf. PA4 32 BA27
Gala St, G33 39 CA27
Galdenoch St, G33 40 CD27
Gallan Av, G23 21 BN20
Galloway Dr, (Ruther.) G73 80 BX42
Galloway St, G21 23 BV23
Gallowflat St, (Ruther.) 66 BX37
Gallowgate, G1 15 BT31
Gallowgate, G4 15 BU31
Gallowgate, G31 52 BW31
Gallowgate, G40 15 BU31
Gallowhill Rd, Pais. PA3 45 AW31
Galston St, G53 60 BB39
Gamrie Dr, G53 61 BC38
Gamrie Gdns, G53 61 BC38
Gamrie Rd, G53 60 BC37
Gannochy Dr, (Bishop.) G64 12 BY20
Gantock Cres, G33 40 CD29
Gardenside Av, G32 68 CD37
Gardenside Av, (Udd.) G71 70 CN39
Gardenside Cres, G32 68 CD37
Gardenside Gro, G32 68 CD37
Gardenside Pl, G32 68 CD37
Gardenside Rd, (Udd.) G71 70 CN39
Gardner Gro, (Udd.) G71 71 CQ37
Gardner St, G11 35 BK27
Garfield St, G31 52 BW31
Garforth Rd, (Baill.) G69 55 CH33
Gargrave Av, (Baill.) G69 55 CH33
Garion Dr, G13 19 BD23
Garlieston Rd, G33 55 CH31
Garmouth Ct, G51 34 BJ29
Garmouth Gdns, G51 34 BH29
Garmouth St, G51 34 BH29
Garnet St, G3 9 BQ28
Garnethill St, G3 9 BQ28
Garnie Av, Ersk. PA8 16 AT20
Garnie Cres, Ersk. PA8 16 AT20
Garnieland Rd, Ersk. PA8 16 AT21
Garnie La, Ersk. PA8 16 AT21
Garnie Oval, Ersk. PA8 16 AT20
Garnie Pl, Ersk. PA8 16 AT20
Garnkirk La, G33 27 CG24
Garnkirk St, G21 11 BU28
Garnock St, G21 37 BV27
Garrioch Cres, G20 21 BM24
Garrioch Dr, G20 21 BM24
Garriochmill Rd, G20 35 BN25
Garrioch Quad, G20 21 BM24
Garrioch Rd, G20 35 BM25
Garrowhill Dr, (Baill.) G69 55 CH33
Garry St, G44 66 BQ38
Garscadden Rd, G15 18 BC20
Garscadden Rd S, G13 18 BC21
Garscube Cross, G4 10 BR27
Garscube Rd, G4 9 BQ26
Garscube Rd, G20 9 BQ26
Gartartan Rd, Pais. PA1 46 BB32
Gartcloss Rd, Coat. ML5 43 CS29
Gartcosh Rd, (Gart.) G69 43 CN29
Gartcraig Pl, G33 39 CB28
Gartcraig Rd, G33 39 CA29
Gartferry St, G21 38 BW25
Garthamlock Rd, G33 40 CG28
Garthland Dr, G31 52 BW30
Garthland La, Pais. PA1 45 AV32

Gartliston Ter, (Baill.) G69 57 CQ32
Gartloch Cotts, (Gart.) G69 42 CN26
Gartloch Cotts, (Muir.) G69 27 CK24
Gartloch Rd, G33 39 CB27
Gartloch Rd, G34 40 CE28
Gartloch Rd, (Gart.) G69 42 CL26
Gartmore Gdns, (Udd.) G71 70 CN37
Gartmore Rd, Pais. PA1 45 AX33
Gartmore Ter, (Camb.) G72 81 CA42
Gartness St, G31 52 BX30
Gartocher Dr, G32 54 CE32
Gartocher Rd, G32 54 CE32
Gartocher Ter, G32 54 CE32
Garturk St, G42 64 BR35
Garvald St, G40 52 BX34
Garve Av, G44 78 BQ41
Garvel Cres, G33 55 CG31
Garvel Rd, G33 55 CG31
Garvock Dr, G43 76 BJ40
Gaskin Path, G33 26 CG24
Gask Pl, G13 18 BB20
Gatehouse St, G32 54 CD32
Gateside Av, (Camb.) G72 82 CF40
Gateside Av, (Barr.) G78 73 AW44
Gateside Rd, (Barr.) G78 72 AV44
Gateside St, G31 52 BX31
Gauldry Av, G52 47 BE34
Gauze St, Pais. PA1 44 AU32
Gavinton St, G44 78 BP40
Gayne Dr, (Glenb.) Coat. ML5 29 CS23
Gear Ter, G40 66 BX35
Geddes Rd, G21 24 BY22
Gelston St, G32 54 CD33
Generals Gate, (Udd.) G71 70 CN39
General Terminus Quay, G51 13 BP31
George Gray St, (Ruther.) G73 66 BY37
George La, Pais. PA1 44 AU33
George Mann Ter, (Ruther.) G73 80 BW40
George Pl, Pais. PA1 44 AU33
George Reith Av, G12 20 BH24
George Sq, G2 14 BS30
George St, G1 15 BS30
George St, (Baill.) G69 55 CK33
George St, (Barr.) G78 73 AX42
George St, Pais. PA1 44 AT33
Gertrude Pl, (Barr.) G78 73 AW43
Gibson Rd, Renf. PA4 31 AX29
Gibson St, G12 8 BN27
Gibson St, G40 15 BU31
Giffnock Pk Av, (Giff.) G46 77 BL41
Gifford Dr, G52 47 BC32
Gilbertfield Pl, G33 40 CD27
Gilbertfield Rd, (Camb.) G72 82 CE42
Gilbertfield St, G33 40 CD27
Gilbert St, G3 35 BL29
Gilhill St, G20 21 BM22
Gilia St, (Camb.) G72 67 CA39
Gillies La, (Baill.) G69 56 CL33
Gilmerton St, G32 53 CC33
Gilmour Cres, (Ruther.) G73 65 BV37
Gilmour Pl, G5 51 BS33
Gilmour St, Pais. PA1 44 AU32
Girdons Way, (Udd.) G71 70 CN39
Girthon St, G32 54 CE33
Girvan St, G33 38 BZ28
Gladney Av, G13 18 BA21
Gladsmuir Rd, G52 47 BD31
Gladstone Av, (Barr.) G78 73 AX43
Gladstone St, G4 9 BQ27

Name	Grid	Page	Coord
Glaive Rd, G13	19	BF20	
Glamis Rd, G31	52	BZ33	
Glanderston Ct, G13	19	BC21	
Glanderston Dr, G13	19	BC22	
Glasgow Airport, (Abbots.) Pais. PA3	30	AS27	
Glasgow and Edinburgh Rd, (Baill.) G69	57	CP33	
Glasgow Br, G1	14	BR31	
Glasgow Br, G5	14	BR31	
Glasgow Business Pk, (Baill.) G69	55	CK30	
Glasgow Cross, G1	15	BT31	
Glasgow E Investment Pk, G32	67	CB36	
Glasgow Grn, G1	15	BT32	
Glasgow Grn, G40	15	BT32	
Glasgow Rd, G53	74	AZ41	
Glasgow Rd, (Baill.) G69	55	CH33	
Glasgow Rd, (Udd.) G71	70	CN38	
Glasgow Rd, (Blan.) G72	84	CL44	
Glasgow Rd, (Camb.) G72	67	CA39	
Glasgow Rd, (Turnlaw) G72	81	CB44	
Glasgow Rd, (Ruther.) G73	65	BV35	
Glasgow Rd, (Barr.) G78	74	AZ41	
Glasgow Rd, Clyde. G81	17	AX21	
Glasgow Rd, Coat. ML5	57	CS32	
Glasgow Rd, Pais. PA1	45	AW32	
Glasgow Rd, Renf. PA4	32	BA26	
Glasgow St, G12	35	BN26	
Glassel Rd, G34	42	CM28	
Glasserton Pl, G43	78	BP40	
Glasserton Rd, G43	78	BP40	
Glassford St, G1	14	BS30	
Glaudhall Av, (Gart.) G69	28	CN22	
Glebe, The, (Both.) G71	85	CR43	
Glebe Av, (Both.) G71	85	CR43	
Glebe Ct, G4	11	BT29	
Glebe Hollow, (Both.) G71	85	CR43	
Glebe Pl, (Camb.) G72	82	CD40	
Glebe Pl, (Ruther.) G73	65	BV37	
Glebe St, G4	11	BT28	
Glebe St, Renf. PA4	32	AZ26	
Glebe Wynd, (Both.) G71	85	CR43	
Gleddoch Rd, G52	46	BA31	
Glenacre Cres, (Udd.) G71	70	CN37	
Glenacre Dr, G45	79	BT42	
Glenacre Gro, G45	79	BU41	
Glenacre St, G45	79	BU41	
Glenacre Ter, G45	79	BT42	
Glenalmond St, G32	53	CC33	
Glenapp Av, Pais. PA2	59	AX36	
Glenapp Rd, Pais. PA2	59	AX36	
Glenapp St, G41	50	BP34	
Glenarklet Dr, Pais. PA2	59	AW36	
Glenartney Rd, (Chry.) G69	28	CL20	
Glenashdale Way, Pais. PA2	59	AW36	
Glen Av, G32	54	CD31	
Glenavon Rd, G20	21	BM22	
Glenbank Dr, (Thornlie.) G46	78	BH43	
Glenbarr St, G21	37	BV28	
Glenboig Rd, (Gart.) G69	29	CR21	
Glenbrittle Dr, Pais. PA2	59	AW36	
Glenbrittle Way, Pais. PA2	59	AW36	
Glenbuck Av, G33	25	CB23	
Glenbuck Dr, G33	25	CB23	
Glenburn Av, (Baill.) G69	56	CL32	
Glenburn Av, (Camb.) G72	81	BZ40	
Glenburn Cres, (Udd.) G71	71	CS36	
Glenburn Cres, Pais. PA2	58	AT37	
Glenburn Gdns, (Glenb.) Coat. ML5	29	CS23	
Glenburnie Pl, G34	55	CJ30	

Name	Grid	Page	Coord
Glenburn Rd, (Giff.) G46	77	BK44	
Glenburn St, G20	21	BN22	
Glenburn Rd, G41	63	BM35	
Glencairn Dr, (Ruther.) G73	65	BV37	
Glencairn Gdns, G41	63	BN35	
Glencairn Gdns, (Camb.) G72	82	CF40	
Glencairn La, G41	64	BP35	
Glencairn Rd, Pais. PA3	31	AW29	
Glenclancy Av, Pais. PA2	59	AX36	
Glenclora Dr, Pais. PA2	59	AW36	
Glenclov St, G20	21	BL22	
Glen Clunie Dr, G53	75	BE41	
Glencoe Pl, G13	20	BG22	
Glencoe Rd, (Ruther.) G73	82	BZ42	
Glencoe St, G13	20	BH22	
Glen Cona Dr, G53	75	BE40	
Glencorse St, G32	53	CA30	
Glencorse Rd, Pais. PA2	58	AS35	
Glencroft Av, (Udd.) G71	70	CN37	
Glencroft Rd, G44	79	BT40	
Glendale Cres, (Bishop.) G64	24	BY21	
Glendale Dr, (Bishop.) G64	24	BY21	
Glendale Pl, G31	52	BX31	
Glendale Pl, (Bishop.) G64	24	BY22	
Glendale St, G31	52	BX31	
Glendaruel Rd, (Ruther.) G73	81	CA43	
Glendarvel Gdns, G22	37	BT25	
Glendee Gdns, Renf. PA4	32	AZ27	
Glendee Rd, Renf. PA4	32	AZ27	
Glen Dene Way, G53	75	BE41	
Glendevon Sq, G33	40	CD27	
Glen Dewar Pl, G53	75	BE41	
Glendinning Rd, G13	20	BG20	
Glenduffhill Rd, (Baill.) G69	55	CH32	
Gleneagles La N, G14	33	BE25	
Gleneagles La S, G14	33	BE25	
Gleneagles Pk, (Both.) G71	84	CP43	
Gleneagles Path, (Glenb.) Coat. ML5	29	CS23	
Glenelg Quad, G34	42	CM28	
Glen Esk Cres, G53	75	BE41	
Glen Esk Dr, G53	75	BE41	
Glen Etive Pl, (Ruther.) G73	81	CA43	
Glenfarg Rd, (Ruther.) G73	80	BX41	
Glenfarg St, G20	9	BQ27	
Glenfield Av, Pais. PA2	58	AT38	
Glenfield Cres, Pais. PA2	58	AT39	
Glenfield Gdns, Pais. PA2	58	AT39	
Glenfield Gra, Pais. PA2	58	AU39	
Glenfield Gro, Pais. PA2	58	AT39	
Glenfield Rd, Pais. PA2	58	AS38	
Glenfinnan Dr, G20	21	BM23	
Glenfinnan Pl, G20	21	BM23	
Glenfinnan Rd, G20	21	BM23	
Glenfruin Cres, Pais. PA2	59	AX36	
Glengarry Dr, G52	47	BE32	
Glengavel Cres, G33	25	CB23	
Glengyre St, G34	42	CL28	
Glenhead Cres, G22	23	BS23	
Glenhead St, G22	23	BS23	
Gleniffer Av, G13	18	BC23	
Gleniffer Dr, (Barr.) G78	73	AW40	
Gleniffer Rd, Renf. PA4	31	AX29	
Glenisla St, G31	52	BZ34	
Glen Kyle Dr, G53	75	BE41	
Glen La, Pais. PA3	44	AU32	
Glenlee Cres, G52	46	BB34	
Glenlora Dr, G53	60	BC38	
Glenlora Ter, G53	61	BD38	
Glen Loy Pl, G53	75	BE41	

Name	Grid	Page	Coord
Glenluce Dr, G32	54	CF34	
Glenlui Av, (Ruther.) G73	80	BX40	
Glen Luss Pl, G53	75	BE41	
Glen Lyon Pl, (Ruther.) G73	80	BY42	
Glenmavis St, G4	10	BR28	
Glenmore Av, G42	65	BU37	
Glen Moriston Rd, G53	75	BE41	
Glenmuir Dr, G53	75	BD40	
Glen Nevis Pl, (Ruther.) G73	80	BY43	
Glen Ogle St, G32	54	CF33	
Glen Orchy Dr, G53	75	BE41	
Glen Orchy Gro, G53	75	BF41	
Glen Orchy Way, G53	75	BE41	
Glenpark Av, (Thornlie.) G46	76	BH43	
Glenpark Rd, G31	52	BX31	
Glenpark St, G31	52	BX31	
Glenpark Ter, (Camb.) G72	67	CA38	
Glenraith Rd, G33	40	CD26	
Glenraith Sq, G33	40	CD26	
Glenraith Wk, G33	40	CD26	
Glen Rd, G32	54	CD30	
Glen Sax Dr, Renf. PA4	32	BA28	
Glenshee Ct, G31	53	BZ34	
Glenshee Gdns, G31	53	CA34	
Glenshee St, G31	53	BZ33	
Glenshiel Av, Pais. PA2	59	AW36	
Glenshira Av, Pais. PA2	59	AW36	
Glenside Av, G53	61	BD35	
Glenside Dr, (Ruther.) G73	67	BZ39	
Glenspean St, G43	63	BL39	
Glen St, (Camb.) G72	82	CF41	
Glen St, (Barr.) G78	73	AY42	
Glen St, Pais. PA3	44	AT32	
Glentanar Pl, G22	22	BS21	
Glentanar Rd, G22	22	BR21	
Glentarbert Rd, (Ruther.) G73	82	BZ42	
Glentrool Gdns, G22	37	BS25	
Glenturret St, G32	53	CC33	
Glentyan Dr, G53	60	BC38	
Glentyan Pl, G53	61	BC38	
Glenview Pl, (Blan.) G72	84	CM44	
Glenville Av, (Giff.) G46	77	BK42	
Glenwood Business Pk, G45	79	BU42	
Glenwood Dr, (Thornlie.) G46	76	BH43	
Glenwood Path, G45	79	BU42	
Glenwood Pl, G45	79	BU42	
Gloucester Av, (Ruther.) G73	80	BZ40	
Gloucester St, G5	13	BQ32	
Gockston Rd, Pais. PA3	44	AT30	
Gogar Pl, G33	39	CA29	
Gogar St, G33	39	CA29	
Goldberry Av, G14	19	BD24	
Goldie Rd, (Udd.) G71	85	CQ41	
Golf Ct, G44	77	BN43	
Golf Dr, G15	18	BB20	
Golf Dr, Pais. PA1	45	AY33	
Golfhill Dr, G31	38	BW29	
Golf Rd, (Ruther.) G73	80	BX41	
Golfview Dr, Coat. ML5	57	CS30	
Golfview Pl, Coat. ML5	57	CS31	
Golspie St, G51	34	BJ29	
Gopher Av, (Udd.) G71	71	CR37	
Gorbals Cross, G5	15	BS32	
Gorbals St, G5	50	BR33	
Gordon Av, G44	77	BN43	
Gordon Av, G52	32	BA29	
Gordon Av, (Baill.) G69	55	CH32	
Gordon Dr, G44	77	BN42	
Gordon Rd, G44	77	BN43	

Gordon St, G1   14 BR30
Gordon St, Pais. PA1   44 AU33
Gordon Ter, (Blan.) G72   84 CL43
Gorebridge St, G32   53 CA30
Gorget Av, G13   19 BE20
Gorget Pl, G13   19 BE20
Gorget Quad, G13   19 BD20
Gorse Dr, (Barr.) G78   73 AX41
Gorse Pl, (Udd.) G71   71 CR37
Gorsewood, (Bishop.) G64   23 BU20
Gorstan St, G23   21 BM21
Gosford La, G14   33 BC25
Goudie St, Pais. PA3   44 AS30
Gough St, G33   38 BZ29
Gourlay St, G21   37 BZ26
Govan Cross Shop Cen, G51   34 BJ29
Govanhill St, G42   64 BR35
Govan Rd, G51   49 BL31
Gowanlea Av, G15   18 BC20
Gowanlea Dr, (Giff.) G46   77 BM41
Gowanlea Ter, (Udd.) G71   71 CR38
Gower St, G41   49 BL33
Gower St, G51   49 BL33
Gower Ter, G41   49 BL32
Grace Av, (Baill.) G69   56 CP32
Grace St, G3   13 BP30
Graffham Av, (Giff.) G46   77 BM42
Grafton Pl, G1   10 BS29
Graham Av, (Camb.) G72   82 CF40
Graham Sq, G31   51 BV31
Grahamston Ct, Pais. PA2   59 AY37
Grahamston Cres, Pais. PA2   59 AY37
Grahamston Pk, (Barr.) G78   73 AX40
Grahamston Pl, Pais. PA2   59 AY37
Grahamston Rd, (Barr.) G78   59 AX39
Grahamston Rd, Pais. PA2   59 AY37
Graham St, (Barr.) G78   73 AX42
Graham Ter, (Bishop.) G64   24 BX22
Graignestock St, G40   15 BU32
Grainger Rd, (Bishop.) G64   24 BZ20
Grampian Av, Pais. PA2   58 AT37
Grampian Cres, G32   54 CD33
Grampian Pl, G32   54 CD33
Grampian St, G32   54 CD33
Grampian Way, (Barr.) G78   73 AY44
Granby La, G12   35 BM26
Grandtully Dr, G12   21 BL23
Grange Rd, G42   64 BQ37
Gran St, Clyde. G81   18 BA21
Grantlea Gro, G32   54 CF33
Grantlea Ter, G32   54 CF33
Grantley Gdns, G41   63 BM37
Grantley St, G41   63 BM37
Granton St, G5   65 BU35
Grants Av, Pais. PA2   58 AS36
Grants Cres, Pais. PA2   58 AT37
Grants Pl, Pais. PA2   58 AS36
Grant St, G3   9 BP28
Grants Way, Pais. PA2   58 AS36
Granville St, G3   9 BP29
Gray's Rd, (Udd.) G71   85 CR40
Gray St, G3   8 BN28
Great Dovehill, G1   15 BT31
Great George St, G12   35 BM26
Great Hamilton St, Pais. PA2   58 AU35
Great Western Retail Pk, G15   18 BB20

Great Western Rd, G4   35 BN26
Great Western Rd, G12   35 BK25
Great Western Rd, G13   18 BB20
Great Western Rd, G15   18 BB20
Great Western Rd, G12   35 BL25
Great Western Ter, G12   35 BL25
Great Western Ter La, G12
Green, The, G40   15 BU32
Greenacres Ct, G53   75 BE41
Greenacres Dr, G53   75 BE41
Greenacres Way, G53   75 BE41
Greenan Av, G42   65 BU38
Greenbank Dr, Pais. PA2   58 AT38
Greenbank St, (Ruther.)   66 BW37
Greendyke St, G1   15 BT31
Greenend Pl, G32   54 CE30
Greenfield Av, G32   54 CD31
Greenfield Pl, G32   54 CD31
Greenfield Rd, G32   54 CE30
Greenfield St, G51   48 BH30
Greengairs Av, G51   33 BF29
Greenhead Rd, (Inch.)   16 AS22
Rent. PA4
Greenhead St, G40   51 BU33
Greenhill, (Bishop.) G64   24 BY21
Greenhill Av, (Giff.) G46   77 BK44
Greenhill Av, (Gart.) G69   28 CN32
Greenhill Business Pk,   44 AS31
Pais. PA3
Greenhill Ct, (Ruther.)   66 BW37
G73
Greenhill Rd, (Ruther.)   66 BW37
G73
Greenhill Rd, Pais. PA3   44 AS31
Greenhill St, (Ruther.)   66 BW38
G73
Greenholm Av, (Udd.)   70 CN38
G71
Greenholme St, G44   64 BQ39
Greenknowe Rd, G43   62 BK39
Greenlaw Av, Pais. PA1   45 AW32
Greenlaw Cres, Pais. PA1   45 AW31
Greenlaw Dr, Pais. PA1   45 AW32
Greenlaw Rd, G14   18 AZ23
Greenlea Rd, (Chry.) G69   27 CK21
Greenlea St, G13   20 BG23
Greenlees Gdns,   81 CB42
(Camb.) G72
Greenlees Pk, (Camb.)   81 CC42
G72
Greenlees Rd, (Camb.)   81 CC40
G72
Greenloan Av, G51   33 BF29
Greenmount, G22   22 BQ22
Greenock Av, G44   78 BR40
Greenock Rd, Pais. PA3   30 AS29
Green Pl, (Both.) G71   85 CR43
Greenrig, (Udd.) G71   70 CP39
Greenrig St, G33   39 BZ26
Greenrig St, (Udd.) G71   70 CP39
Green Rd, (Ruther.) G73   66 BW37
Greenshields Rd, (Baill.)   55 CK32
G69
Greenside Cres, G33   39 CA26
Greenside St, G33   39 CA26
Green St, G40   15 BU32
Green St, (Both.) G71   85 CR43
Greentree Dr, (Baill.) G69   55 CH34
Greenview St, G43   63 BL37
Greenwood Av, (Camb.)   68 CG39
G72
Greenwood Quad,   18 AZ20
Clyde. G81
Grenville Dr, (Camb.) G72   81 CB41
Gretna St, G40   52 BX33
Greyfriars Rd, (Udd.) G71   70 CL37
Greyfriars St, G32   53 CB30
Greystone Av, (Ruther.)   66 BY39
G73

Greywood St, G13   20 BG22
Grierson St, G33   38 BZ29
Grieve Ct, (Both.) G71   85 CP44
Griqua Ter, (Both.) G71   85 CR43
Grosvenor Cres, G12   35 BM26
Grosvenor La, G12   35 BM26
Grosvenor Ter, G12   35 BM26
Groveburn Av,   76 BJ41
(Thornlie.) G46
Grovepark Ct, G20   9 BQ27
Grovepark Gdns, G20   9 BQ27
Grovepark Pl, G20   36 BQ26
Grovepark St, G20   36 BQ26
Grudie St, G34   41 CJ29
Gryffe Av, Renf. PA4   17 AX24
Gryffe St, G44   64 BQ38
Guildford St, G33   40 CE28
Guthrie Dr, (Udd.) G71   71 CQ36
Guthrie St, G20   21 BM23

H

Haberlea Av, G53   75 BE42
Haddow Gro, (Udd.) G71   71 CQ37
Haggs Rd, G41   63 BL36
Haggswood Av, G41   63 BL35
Haghill Rd, G31   52 BY31
Haig Dr, (Baill.) G69   55 CH33
Haig St, G21   37 BV25
Hailes Av, G32   54 CF32
Haining, The, Renf. PA4   32 AZ27
Haining Rd, Renf. PA4   31 AY26
Hairst St, Renf. PA4   32 AZ25
Halbert St, G41   63 BN36
Haldane St, G14   33 BE26
Hallbrae St, G33   39 CA27
Halley Dr, G13   18 BA23
Halley Pl, G13   18 BA23
Halley Sq, G13   18 BA23
Halley St, G13   18 BA22
Hallhill Cres, G33   54 CG31
Hallhill Rd, G32   54 CE31
Hallhill Rd, G33   54 CG31
Halliburton Rd, G34   55 CH30
Halliburton Ter, G34   55 CJ30
Hallidale Cres, Renf. PA4   32 BB27
Hallrule Dr, G52   47 BE32
Hallside Av, (Camb.) G72   82 CG40
Hallside Boul, (Camb.)   83 CH42
G72
Hallside Cres, (Camb.)   82 CG40
G72
Hallside Dr, (Camb.) G72   82 CG40
Hallside Pl, G5   51 BS33
Hallside Rd, (Camb.) G72   83 CH41
Hall St, Clyde. G81   17 AW20
Hallydown Dr, G13   19 BE24
Halton Gdns, (Baill.) G69   55 CH33
Hamilton Av, G41   49 BM34
Hamilton Cr, Pais. PA2   58 AU35
Hamilton Cres, (Camb.)   82 CE41
G72
Hamilton Cres, Renf. PA4   18 AZ24
Hamilton Dr, G12   35 BN26
Hamilton Dr, (Giff.) G46   77 BM43
Hamilton Dr, (Both.) G71   85 CR44
Hamilton Dr, (Camb.) G72   81 CB40
Hamiltonhill Rd, G22   36 BR26
Hamilton Pk Av, G12   35 BN26
Hamilton Rd, G32   68 CF35
Hamilton Rd, (Both.) G71   85 CR44
Hamilton Rd, (Udd.) G71   69 CJ35
Hamilton Rd, (Camb.) G72   82 CD40
Hamilton Rd, (Ruther.)   66 BX37
G73
Hamilton St, G42   65 BS36
Hamilton St, Clyde. G81   18 AZ22
Hamilton St, Pais. PA3   44 AV31
Hamilton Ter, Clyde. G81   18 AZ22
Hamilton Vw, (Udd.) G71   71 CQ38

Hampden Dr, G42	64	BR38
Hampden La, G42	64	BR37
Hampden Pk, G42	64	BS38
Hampden Ter, G42	64	BR37
Handel Pl, G5	50	BS33
Hangingshaw Pl, G42	64	BS37
Hanover Gdns, Pais. PA1	44	AS33
Hanover St, G1	14	BS30
Hanson St, G31	37	BV29
Hapland Av, G53	61	BE35
Hapland Rd, G53	61	BE35
Harbour La, Pais. PA3	44	AU32
Harbour Rd, Pais. PA3	44	AU31
Harbury Pl, G14	18	BB23
Harcourt Dr, G31	38	BX29
Hardgate Dr, G51	33	BE29
Hardgate Gdns, G51	33	BE29
Hardgate Rd, G51	33	BE29
Hardie Av, (Ruther.) G73	66	BY37
Hardridge Pl, G52	62	BG35
Hardridge Rd, G52	61	BF35
Harefield Dr, G14	19	BD24
Harelaw Av, G44	78	BP41
Harelaw Av, (Barr.) G78	74	AZ44
Harelaw Cres, Pais. PA2	58	AS38
Harfield Dr, G32	54	CG31
Harfield Gdns, G32	54	CG31
Harhill St, G51	48	BH30
Harland St, G14	33	BE26
Harley St, G51	49	BL32
Harmetray St, G22	23	BT23
Harmony Ct, G52	48	BJ30
Harmony Pl, G51	48	BJ30
Harmony Row, G51	48	BJ30
Harmsworth St, G11	34	BG27
Harport St, (Thornlie.) G46	76	BG40
Harriet Pl, G43	63	BK39
Harriet St, (Ruther.) G73	66	BW37
Harris Rd, G23	21	BM20
Hartfield Ter, Pais. PA2	59	AV35
Hartlaw Cres, G52	47	BC31
Hartree Av, G13	18	BA21
Hartstone Pl, G53	61	BD38
Hartstone Rd, G53	61	BD38
Hartstone Ter, G53	61	BD38
Hart St, G31	53	CA32
Harvey St, G4	10	BS27
Harvie St, G51	12	BM31
Harwood St, G32	53	CA30
Hastie St, G3	8	BM28
Hatfield Dr, G12	20	BH24
Hathaway Dr, (Giff.) G46	77	BK43
Hathaway La, G20	21	BN24
Hathaway St, G20	21	BN24
Hathersage Av, (Baill.) G69	55	CK32
Hathersage Dr, (Baill.) G69	55	CK32
Hathersage Gdns, (Baill.) G69	55	CK32
Hatton Dr, G52	47	BC33
Hatton Gdns, G52	46	BC33
Hatton Path, G52	47	BC33
Haughburn Pl, G53	61	BD38
Haughburn Rd, G53	61	BD38
Haugh Rd, G3	8	BM29
Havelock La, G11	35	BL27
Havelock St, G11	35	BL27
Hawick St, G13	18	BA22
Hawkhead Av, Pais. PA2	59	AX35
Hawkhead Rd, Pais. PA1	45	AX33
Hawkhead Rd, Pais. PA2	59	AY36
Hawthorn Av, (Bishop.) G64	24	BX21
Hawthorn Av, Ersk. PA8	16	AU21
Hawthorn Cres, Ersk. PA8	16	AU21
Hawthorn Gdns, (Camb.) G72	83	CG41
Hawthorn Quad, G22	23	BS24
Hawthorn Rd, Ersk. PA8	16	AU21
Hawthorn St, G22	22	BS24
Hawthorn Ter, (Udd.) G71	71	CR38
Hawthorn Wk, (Camb.) G72	81	BZ40
Hawthorn Way, Ersk. PA8	16	AU21
Hayburn Cres, G11	34	BJ26
Hayburn Gate, G11	34	BK27
Hayburn La, G11	34	BJ26
Hayburn St, G11	34	BK28
Hayfield Ct, G5	51	BT33
Hayfield St, G5	51	BT33
Haylynn St, G14	34	BG27
Haymarket St, G32	53	CA30
Hayston Cres, G22	22	BR24
Hayston St, G22	22	BR24
Haywood St, G22	22	BR23
Hazel Av, G44	78	BP41
Hazel Dene, (Bishop.) G64	24	BX20
Hazelden Gdns, G44	77	BN41
Hazellea Dr, (Giff.) G46	77	BM41
Hazel Ter, (Udd.) G71	71	CR38
Hazelwood Gdns, (Ruther.) G73	80	BY41
Hazelwood Rd, G41	49	BL33
Hazlitt St, G20	22	BR23
Heath Av, (Bishop.) G64	24	BX21
Heathcliff Av, (Blan.) G72	84	CL44
Heather Av, (Barr.) G78	73	AW40
Heatherbrae, (Bishop.) G64	23	BU20
Heatheryknowe Rd, (Baill.) G69	42	CN29
Heathfield St, G33	40	CE29
Heathside Rd, (Giff.) G46	77	BM42
Heathwood Dr, (Thornlie.) G46	76	BJ42
Hector Rd, G41	63	BM37
Helensburgh Dr, G13	19	BF23
Helenslea, (Camb.) G72	82	CF41
Helen St, G51	48	BJ30
Helen St, G52	48	BH32
Helenvale Ct, G31	52	BZ33
Helenvale St, G31	52	BY33
Helmsdale Av, (Blan.) G72	84	CL42
Helmsdale Ct, (Camb.) G72	82	CF40
Hemlock St, G13	20	BG22
Henderson Av, (Camb.) G72	68	CF39
Henderson St, G20	36	BP26
Henderson St, Clyde. G81	18	BA21
Henderson St, Pais. PA1	44	AT32
Henrietta St, G14	33	BE26
Henry St, (Barr.) G78	73	AX42
Hepburn Rd, G52	47	BD30
Herald Av, G13	19	BF20
Herbertson Gro, (Blan.) G72	84	CL44
Herbert St, G20	36	BP26
Hercules Way, Renf. PA4	32	AZ28
Herma St, G23	21	BN21
Hermiston Av, G32	54	CD31
Hermiston Pl, G32	54	CE31
Hermiston Rd, G32	54	CD30
Hermitage Av, G13	19	BE22
Heron St, G40	51	BV33
Herries Rd, G41	63	BL35
Herriet St, G41	50	BP34
Hertford Av, G12	20	BK23
Hexham Gdns, G41	63	BM36
Heys St, (Barr.) G78	73	AY43
Hickman St, G42	64	BS35
Hickman Ter, G42	64	BS35
Hickory Cres, (Udd.) G71	71	CS36
Hickory St, G22	23	BU24
Highburgh Dr, (Ruther.) G73	80	BX40
Highburgh Rd, G12	35	BL26
High Calside, Pais. PA2	44	AT34
High Craighall Rd, G4	10	BR27
Highcroft Av, G44	79	BT40
Highfield Av, Pais. PA2	58	AS38
Highfield Cres, Pais. PA2	58	AT38
Highfield Dr, G12	21	BK23
Highfield Dr, (Ruther.) G73	80	BY42
Highfield Pl, G12	21	BK23
Highland La, G51	35	BL29
High Mair, Renf. PA4	31	AY27
High Parksail, Ersk. PA8	16	AS21
High Rd, (Castlehead) Pais. PA2	44	AS34
High St, G1	15	BT31
High St, G4	15	BT31
High St, (Ruther.) G73	66	BW37
High St, Pais. PA1	44	AT33
High St, Renf. PA4	32	AZ25
Hilary Dr, (Baill.) G69	55	CH32
Hilda Cres, G33	39	CA25
Hillary Av, (Ruther.) G73	67	BZ39
Hillcrest, (Chry.) G69	28	CM21
Hillcrest Av, G32	68	CD37
Hillcrest Av, G44	77	BN41
Hillcrest Av, Pais. PA2	58	AS39
Hillcrest Rd, G32	68	CE37
Hillcrest Rd, (Udd.) G71	71	CQ38
Hillcrest Ter, (Both.) G71	85	CR42
Hillcroft Ter, (Bishop.) G64	23	BV21
Hillend Rd, G22	22	BQ22
Hillend Rd, (Ruther.) G73	80	BX40
Hillfoot Av, (Ruther.) G73	66	BW38
Hillfoot Gdns, (Udd.) G71	70	CN37
Hillfoot St, G31	52	BW30
Hillhead Av, (Ruther.) G73	80	BX41
Hillhead Pl, (Ruther.) G73	80	BX41
Hillhead Rd, G21	24	BZ22
Hillhead St, G12	8	BM27
Hillhouse St, G21	38	BW25
Hillington Gdns, G52	47	BE33
Hillington Ind Est, G52	32	BB29
Hillington Pk Circ, G52	47	BE32
Hillington Quad, G52	47	BC32
Hillington Rd, G52	32	BB27
Hillington Rd S, G52	47	BC32
Hillington Shop Cen, (Hillington Ind. Est.) G52	32	BB29
Hillington Ter, G52	47	BC32
Hillkirk St, G21	37	BU25
Hillpark Av, Pais. PA2	58	AT36
Hillpark Dr, G43	63	BL39
Hill Path, G52	46	BC32
Hill Pl, G52	47	BC32
Hillsborough Rd, (Baill.) G69	55	CH32
Hillside Ct, (Thornlie.) G46	76	BH42
Hillside Dr, (Barr.) G78	73	AW42
Hillside Gro, (Barr.) G78	73	AW42
Hillside Quad, G43	77	BK40
Hillside Rd, G43	77	BK40
Hillside Rd, (Barr.) G78	73	AW42
Hillside Rd, Pais. PA2	59	AW35
Hill St, G3	9	BQ28
Hill St, G14	18	BC24
Hillsview, (Chry.) G69	28	CL21
Hillswick Cres, G22	22	BR21
Hillview Cres, (Udd.) G71	70	CN37
Hillview Dr, (Blan.) G72	84	CM43
Hillview Gdns, (Bishop.) G64	24	BZ21
Hillview St, G32	53	CB32
Hilton Gdns, G13	20	BH22
Hilton Ter, G13	20	BG22
Hilton Ter, (Camb.) G72	81	CA42
Hinshaw St, G20	36	BQ26

Hinshelwood Dr, G51	48	BJ31
Hirsel Pl, (Camb.) G71	85	CD31
Hobart St, G22	36	BR25
Hobden St, G21	38	BW26
Hoddam Av, G45	79	BV42
Hoddam Ter, G45	80	BW42
Hogarth Av, G32	52	BZ30
Hogarth Cres, G32	53	BZ30
Hogarth Dr, G32	53	BZ30
Hogarth Gdns, G32	52	BZ30
Hogganfield Ct, G33	39	BZ27
Hogganfield St, G33	39	BZ27
Holeburn La, G43	63	BL39
Holeburn Rd, G43	63	BL39
Holehouse Dr, G13	18	BC23
Holland St, G2	9	BQ29
Hollinwell Rd, G23	21	BM21
Hollowglen Rd, G32	54	CD31
Hollybank Pl, (Camb.) G72	82	CD41
Hollybank St, G21	38	BW28
Hollybrook St, G42	66	BS35
Hollybush Rd, G52	46	BB32
Holly Dr, G21	38	BW26
Holm Av, (Udd.) G71	70	CN39
Holm Av, Pais. PA2	58	AV35
Holmbank Av, G41	63	BN38
Holmbrae Av, (Udd.) G71	71	CP38
Holmbrae Rd, (Udd.) G71	71	CP38
Holmbyre Ct, G45	78	BR44
Holmbyre Rd, G45	78	BS44
Holmbyre Ter, G45	78	BS43
Holmes Av, Renf. PA4	31	AY28
Holmfauldhead Dr, G51	34	BG29
Holmfauld Rd, G51	34	BG28
Holmhead Cres, G44	64	BQ39
Holmhead Pl, G44	64	BQ39
Holmhead Rd, G44	78	BQ40
Holmhill Av, (Camb.) G72	81	CC41
Holmlands Dr, (Camb.) G72	81	CB42
Holmlands Gdns, (Camb.) G72	81	CB41
Holmlands Gro, (Camb.) G72	81	CB41
Holmlands Pl, (Camb.) G72	81	CB41
Holmlands Rd, (Camb.) G72	81	CB42
Holmlands Ter, (Camb.) G72	81	CB41
Holmlea Rd, G44	64	BQ38
Holms Pl, (Gart.) G69	28	CN22
Holm St, G2	13	BQ30
Holmwood Av, (Udd.) G71	70	CP38
Holmwood Gdns, (Udd.) G71	70	CP39
Holmwood Gro, G44	78	BQ41
Holyrood Cres, G20	9	BP27
Holyrood Quad, G20	9	BP27
Holywell St, G31	52	BX32
Homeston Av, (Both.) G71	85	CQ42
Honeybog Rd, G52	46	BA30
Hopefield Av, G12	21	BL24
Hopehill Gdns, G20	36	BQ26
Hopehill Rd, G20	36	BQ26
Hopeman Av, (Thornlie.) G46	76	BG41
Hopeman Dr, (Thornlie.) G46	76	BG41
Hopeman Rd, (Thornlie.) G46	76	BG41
Hopeman St, (Thornlie.) G46	76	BG41
Hope St, G2	14	BR30
Hopetoun Ter, G21	38	BW26
Hornal Rd, (Udd.) G71	85	CP41
Hornbeam Rd, (Udd.) G71	71	CR37
Horndean Cres, G33	40	CF29

Hornshill Fm Rd, (Stepps) G33	27	CG22
Hornshill St, G21	38	BW25
Horselethill Rd, G12	35	BL25
Hospital St, G5	14	BS32
Hotspur St, G20	21	BN24
Houldsworth La, G3	8	BN29
Houldsworth St, G3	8	BN29
Househillmuir Cres, G53	61	BE38
Househillmuir Pl, G53	61	BE38
Househillmuir Rd, G53	61	BD39
Househillwood Cres, G53	61	BD38
Househillwood Rd, G53	61	BD39
Housel Av, G13	19	BD23
Houston Pl, G5	13	BP31
Houston Pl, G5	13	BP32
Houston St, Renf. PA4	32	AZ25
Howard St, G1	14	BR31
Howard St, Pais. PA1	45	AW32
Howat St, G51	34	BJ29
Howe Gdns, (Udd.) G71	71	CQ38
Howford Rd, G52	47	BD33
Howieshill Av, (Camb.) G72	82	CC40
Howieshill Rd, (Camb.) G72	82	CE40
Howth Dr, G13	20	BH21
Howth Ter, G13	20	BH21
Hoxley St, G20	22	BP23
Hoylake Pk, (Both.) G71	84	CP43
Hoylake Pl, G23	21	BN20
Hozier Cres, (Udd.) G71	71	CP37
Hozier Pl, (Both.) G71	85	CR42
Hughenden Dr, G12	35	BK25
Hughenden Gdns, G12	35	BJ25
Hughenden La, G12	34	BK25
Hughenden Rd, G12	35	BK25
Hugh Murray Gro, (Camb.) G72	82	CE40
Hugo St, G20	22	BP24
Hume Dr, (Both.) G71	85	CQ42
Hume Dr, (Udd.) G71	70	CN38
Hume St, Clyde. G81	17	AX20
Hunterfield Dr, (Camb.) G72	81	CB40
Hunterhill Av, Pais. PA2	44	AV34
Hunterhill Rd, Pais. PA2	44	AV34
Hunter Rd, (Ruther.) G73	66	BY36
Huntershill Rd, (Bishop.) G64	24	BW21
Huntershill Way, (Bishop.) G64	23	BV22
Hunter St, G4	15	BU31
Hunter St, Pais. PA1	44	AU32
Huntingdon Rd, G21	11	BU27
Huntingdon Sq, G21	11	BU27
Huntingtower Rd, (Baill.) G69	55	CH33
Huntley Rd, G52	32	BB29
Huntly Av, (Giff.) G46	77	BM43
Huntly Dr, (Bishop.) G64	24	BW21
Huntly Dr, (Camb.) G72	82	CD41
Huntly Gdns, G12	35	BL26
Huntly Rd, G12	35	BL26
Huntly Ter, Pais. PA2	59	AW36
Hurlethill Ct, G53	60	BB38
Hurlet Rd, G53	59	AY37
Hurlet Rd, Pais. PA2	59	AY37
Hurlford Av, G13	18	BB22
Hurly Hawkin, (Bishop.) G64	24	BZ21
Hutcheson Rd, (Thornlie.) G46	76	BJ43
Hutcheson St, G1	14	BS30
Hutchinson Pl, (Camb.) G72	82	CG42
Hutchinsontown Ct, G5	51	BS33
Hutton Dr, G51	34	BG29
Hydepark St, G3	13	BP30
Hyndal Av, G53	61	BD36

Hyndland Av, G11	35	BK27
Hyndland Rd, G12	35	BK25
Hyndland St, G11	35	BL27
Hyndlee Dr, G52	47	BE32
I		
Ian Smith Ct, Clyde. G81	18	AZ21
Ibroxholm La, G51	49	BK32
Ibroxholm Oval, G51	49	BK32
Ibrox Ind Est, G51	49	BL31
Ibrox St, G51	49	BL31
Ibrox Ter, G51	49	BK31
Ibrox Ter La, G51	49	BK31
Ilay Av, (Bears.) G61	20	BH21
Ilay Ct, (Bears.) G61	20	BJ21
Ilay Rd, (Bears.) G61	20	BJ21
Inchbrae Rd, G52	47	BE33
Inchholm St, G11	34	BG27
Inchinnan Business Pk, (Inch.) Renf. PA4	30	AS25
Inchinnan Dr, (Inch.) Renf. PA4	30	AS25
Inchinnan Rd, Pais. PA3	44	AU30
Inchinnan Rd, Renf. PA4	31	AX25
Inchkeith Pl, G32	54	CD30
Inchlee St, G14	34	BG27
Inchmurrin Dr, (Ruther.) G73	80	BZ43
Inchmurrin Gdns, (Ruther.) G73	81	BZ43
Inchmurrin Pl, (Ruther.) G73	80	BZ43
Inchneuk Rd, (Gart.) G69	29	CP23
Inchoch St, G33	40	CG27
Incle St, Pais. PA1	44	AV32
India Dr, (Inch.) Renf. PA4	16	AS23
India St, G2	9	BQ29
Inga St, G20	21	BN22
Ingerbreck Av, (Ruther.) G73	80	BZ41
Ingleby Dr, G31	52	BW30
Inglefield St, G42	50	BR34
Ingleneuk Av, G33	26	CD24
Inglestone Av, (Thornlie.) G46	76	BJ43
Inglis St, G31	52	BW31
Ingram St, G1	15	BS30
Inishail Rd, G33	40	CE28
Inkerman Rd, G52	46	BB32
Innellan Gdns, G20	21	BK22
Innellan Pl, G20	20	BK22
Innerwick Dr, G52	47	BD32
Inverclyde Gdns, (Ruther.) G73	81	BZ42
Invercree Wk, (Glenb.) Coat. ML5	29	CS23
Invergarry Av, (Thornlie.) G46	75	BF42
Invergarry Ct, (Thornlie.) G46	76	BG44
Invergarry Dr, (Thornlie.) G46	75	BF43
Invergarry Gdns, (Thornlie.) G46	75	BF44
Invergarry Gro, (Thornlie.) G46	75	BF43
Invergarry Quad, (Thornlie.) G46	76	BG43

Invergarry Vw, (Thornlie.) G46 76 BG43
Invergordon Av, G43 64 BP38
Invergyle Dr, G52 47 BD32
Inverlair Av, G43 64 BP39
Inverlair Av, G44 64 BP39
Inverleith St, G32 52 BZ31
Inverlochy St, G33 40 CF28
Inverness St, G51 47 BF31
Inver Rd, G33 54 CG30
Invershiel Rd, G23 21 BM20
Invershin Dr, G20 21 BM24
Inverurie St, G21 37 BT26
Inziezvar Ter, G32 68 CD36
Iona Dr, Pais. PA2 58 AT38
Iona Rd, (Ruther.) G73 81 CA42
Iona Rd, Renf. PA4 31 AY28
Iona St, G51 48 BK30
Iona Way, (Stepps) 40 CF29
G33
Iris Av, G45 80 BW42
Irongray St, G31 52 BY30
Irvine St, G40 52 BX34
Iser La, G41 64 BP37
Islay Av, (Ruther.) 81 CA42
G73
Islay Cres, Pais. PA2 58 AT38
Ivanhoe Rd, G13 19 BF21
Ivybank Av, (Camb.) 82 CE41
G72
Ivy Rd, (Udd.) G71 71 CS37

J

Jackson Dr, G33 27 CH24
Jacks Rd, (Udd.) G71 85 CQ41
Jagger Gdns, (Baill.) G69 55 CH33
Jamaica St, G1 14 BR30
James Dunlop Gdns, 24 BX22
(Bishop.) G64
James Gray St, G41 63 BN36
James Nisbet St, G21 11 BU29
James St, G40 51 BU33
James Watt St, G2 13 BQ30
Jamieson Ct, G42 64 BR35
Jamieson St, G42 64 BR35
Janebank Av, (Camb.) 82 CE41
G72
Janefield St, G31 52 BX32
Jane Rae Gdns, Clyde. 18 AZ21
G81
Jardine Ter, (Gart.) G69 29 CP24
Jedburgh Av, (Ruther.) 66 BX38
G73
Jenny's Well Ct, Pais. PA2 59 AY35
Jenny's Well Rd, Pais. 59 AX35
PA2
Jerviston Dr, G33 40 CE27
Jessie St, G42 65 BT35
Jessiman Sq, Renf. PA4 31 AX28
Jocelyn Sq, G1 14 BS31
John Brown Pl, (Chry.) 28 CL21
G69
John Hendry Rd, (Udd.) 85 CQ41
G71
John Knox St, G4 15 BU30
John Knox St, Clyde. G81 17 AY21
John Marshall Dr, 23 BU22
(Bishop.) G64
Johnsburn Dr, G53 61 BD39
Johnsburn Rd, G53 61 BD39
John Smith Gate, (Barr.) 73 AY41
G78
Johnson Dr, (Camb.) G72 81 CC40
Johnston Av, Clyde. G81 18 AZ21
Johnstone Av, G52 47 BD31
Johnstone Dr, (Ruther.) 66 BW38
G73
Johnston Rd, (Gart.) 29 CQ23
G69

Johnston St, Pais. PA1 44 AU33
John St, G1 14 BS30
John St, (Barr.) G78 73 AX42
Joppa St, G33 53 CA30
Jordanhill Cres, G13 19 BF24
Jordanhill Dr, G13 19 BE24
Jordanhill La, G13 20 BG24
Jordan St, G14 33 BF27
Jordanvale Av, G14 33 BF27
Jowitt St, Clyde. G81 18 AZ20
Jubilee Ct, G52 46 BB30
Julian Av, G12 35 BL25
Julian La, G12 35 BL25
Juniper Pl, G32 55 CH33
Juniper Ter, G32 55 CG33
Jura Av, Renf. PA4 32 AZ28
Jura Ct, G52 48 BG32
Jura Dr, (Blan.) G72 84 CL42
Jura Rd, Pais. PA2 58 AT38
Jura St, G52 48 BH32
Jura Wynd, (Glenb.) 29 CS23
Coat. ML5

K

Kaim Dr, G53 61 BE39
Katrine Av, (Bishop.) G64 24 BX20
Katrine Pl, (Camb.) G72 67 CC39
Kaystone Rd, G15 19 BC20
Kay St, G21 37 BV25
Keal Av, G15 19 BC21
Kearn Av, G15 19 BD20
Kearn Pl, G15 19 BD20
Keats Pk, (Both.) G71 85 CR42
Keir Hardie Ct, (Bishop.) 24 BW20
G64
Keir St, G41 50 BP34
Keirs Wk, (Camb.) G72 67 CC39
Keith Av, (Giff.) G46 77 BM42
Keith Ct, G11 35 BL28
Keith St, G11 35 BL27
Kelbourne St, G20 35 BN25
Kelburne Dr, Pais. PA1 45 AX32
Kelburne Gdns, (Baill.) 55 CJ34
G69
Kelburne Gdns, Pais. PA1 45 AW32
Kelburne Oval, Pais. PA1 45 AW32
Kelburn St, (Barr.) G78 73 AW44
Kelhead Av, G52 46 BB32
Kelhead Dr, G52 46 BB32
Kelhead Path, G52 46 BB32
Kelhead Pl, G52 46 BB32
Kellas St, G51 48 BJ30
Kelso Av, (Ruther.) G73 66 BX38
Kelso Pl, G14 18 BA23
Kelso St, G13 18 BB21
Kelso St, G14 18 BA23
Kelton St, G32 53 CD33
Kelvin Ct, G12 20 BH23
Kelvindale Gdns, G20 21 BL23
Kelvindale Rd, G12 21 BK23
Kelvindale Rd, G20 21 BM23
Kelvin Dr, G20 21 BM23
Kelvin Dr, (Barr.) G78 74 AZ44
Kelvingrove St, G3 8 BN29
Kelvinhaugh Gate, G3 8 BM29
Kelvinhaugh St, G3 35 BL29
Kelvin Rd, (Udd.) G71 70 CN38
Kelvinside Av, G20 35 BN25
Kelvinside Dr, G20 36 BP25
Kelvinside Gdns, G20 35 BN26
Kelvinside Gdns E, G20 36 BP26
Kelvinside Gdns La, G20 35 BN25
Kelvinside Ter S, G20 35 BN26
Kelvinside Ter W, G20 35 BN26
Kelvin Way, G3 8 BM28

Kelvin Way, (Both.) G71 85 CQ42
Kemp Av, Pais. PA3 31 AW28
Kempock St, G31 52 BY33
Kempsthorn Cres, G53 61 BC36
Kempsthorn Pl, G53 61 BD36
Kempsthorn Rd, G53 60 BC36
Kemp St, G21 37 BU25
Kendal Av, (Giff.) G46 77 BL42
Kendal Dr, G12 20 BJ23
Kenilworth Av, G41 63 BM37
Kenmar Gdns, (Udd.) G71 70 CN37
Kenmore St, G32 53 CC32
Kenmuir Av, G32 54 CG34
Kenmuirhill Gdns, G32 68 CF35
Kenmuirhill Gate, G32 68 CF35
Kenmuirhill Rd, G32 68 CF35
Kenmuir Rd, G32 68 CE37
Kenmuir St, Coat. ML5 57 CR33
Kenmure Av, (Bishop.) 23 BU20
G64
Kenmure Cres, (Bishop.) 23 BV20
G64
Kenmure Dr, (Bishop.) 23 BV20
G64
Kenmure Gdns, 23 BU20
(Bishop.) G64
Kenmure La, (Bishop.) 23 BV20
G64
Kenmure St, G41 64 BP35
Kenmure Way, (Ruther.) 80 BX42
G73
Kennedar Dr, G51 34 BG29
Kennedy Ct, (Giff.) G46 77 BL41
Kennedy St, G4 11 BT28
Kennet St, G21 38 BW28
Kennishead Av, 76 BG40
(Thornlie.) G46
Kennishead Pl, 76 BG40
(Thornlie.) G46
Kennishead Rd, G43 76 BH40
Kennishead Rd, 76 BG40
(Thornlie.) G46
Kennishead Rd, G53 75 BD41
Kennisholm Av, 76 BG40
(Thornlie.) G46
Kennisholm Pl, 76 BG40
(Thornlie.) G46
Kennoway Dr, G11 34 BH27
Kennyhill Sq, G31 38 BX29
Kensington Av, (Giff.) G46 77 BM44
Kensington Gate La, G12 35 BL25
Kensington Rd, G12 35 BL25
Kentallen Rd, G33 54 CG31
Kent Dr, (Ruther.) G73 81 BZ40
Kentigern Ter, (Bishop.) 24 BW21
G64
Kent Rd, G3 8 BN29
Kent St, G40 15 BU31
Keppel Dr, G44 65 BU38
Keppochhill Dr, G21 37 BT26
Keppochhill Pl, G21 11 BT27
Keppochhill Rd, G21 37 BT26
Keppochhill Rd, G22 36 BS26
Keppochhill Way, G21 11 BT27
Keppoch St, G21 37 BT26
Kerr Dr, G40 51 BV32
Kerrera Pl, G33 54 CF31
Kerrera Rd, G33 54 CF31
Kerr Gdns, (Udd.) G71 71 CQ37
Kerr Pl, G40 51 BV32
Kerr St, G40 51 BV32
Kerr St, (Barr.) G78 73 AW43
Kerr St, Pais. PA3 44 AT32
Kerrycroy Av, G42 65 BT38
Kerrycroy Pl, G42 65 BT37
Kerrydale St, G40 52 BX33
Kerrylamont Av, G42 65 BU38

Kersland La, G12	35	BM26
Kersland St, G12	35	BM26
Kessock Dr, G22	36	BN26
Kessock Pl, G22	36	BN26
Kestrel Rd, G13	19	BE23
Kew Gdns, (Udd.) G71	71	CR38
Kew La, G12	35	BM26
Kew Ter, G12	35	BM26
Kidston Pl, G5	50	BS33
Kidston Ter, G5	50	BS33
Kilbeg Ter, (Thornlie.) G46	75	BF42
Kilberry St, G21	38	BW28
Kilbirnie Pl, G5	50	BQ33
Kilbirnie St, G5	50	BQ33
Kilbride St, G5	65	BT35
Kilbride Vw, (Udd.) G71	71	CQ38
Kilburn Gro, (Blan.) G72	84	CM44
Kilburn Pl, G13	18	BD23
Kilchattan Dr, G44	65	BS38
Kilchoan Rd, G33	40	CE27
Kildale Way, (Ruther.) G73	65	BV37
Kildary Av, G44	78	BQ40
Kildary Rd, G44	78	BQ40
Kildermorie Rd, G34	41	CJ29
Kildonan Dr, G11	34	BJ27
Kildrostan St, G41	64	BP35
Kilearn Rd, Pais. PA3	45	AX30
Kilearn Way, Pais. PA3	45	AX30
Kilfinan St, G22	22	BR22
Kilgarth St, Coat. ML5	57	CR33
Kilkerran Dr, G33	23	CB23
Killearn Dr, Pais. PA1	46	BB33
Killearn St, G22	36	BR25
Killermont Meadows, (Both.) G71	84	CN43
Killermont St, G2	10	BS29
Killiegrew Rd, G41	63	BM35
Killin St, G32	54	CD34
Killoch Dr, G13	19	BC22
Killoch Dr, (Barr.) G78	74	AZ44
Kilmailing Rd, G44	78	BR40
Kilmany Dr, G32	53	CB32
Kilmany Gdns, G32	53	CB32
Kilmarnock Rd, G41	63	BM39
Kilmarnock Rd, G43	63	BM39
Kilmartin Pl, (Thornlie.) G46	76	BG41
Kilmartin Pl, (Udd.) G71	71	CQ36
Kilmaurs Dr, (Giff.) G46	77	BN42
Kilmaurs St, G51	48	BH31
Kilmorie Dr, (Ruther.) G73	65	BU38
Kilmory Av, (Udd.) G71	71	CQ38
Kilmuir Cres, (Thornlie.) G46	75	BF41
Kilmuir Dr, (Thornlie.) G46	76	BG41
Kilmuir Rd, (Thornlie.) G46	76	BG41
Kilmuir Rd, (Udd.) G71	71	CP36
Kilmun St, G20	22	BM22
Kilncroft La, Pais. PA2	58	AU35
Kilnside Rd, Pais. PA1	45	AV32
Kiloran St, (Thornlie.) G46	76	BH41
Kilpatrick Cres, Pais. PA2	58	AT36
Kilpatrick Dr, Renf. PA4	31	AX29
Kilpatrick Way, (Udd.) G71	71	CQ37
Kiltearn Rd, G33	55	CH30
Kilvaxter Dr, (Thornlie.) G46	76	BG41
Kilwynet Way, Pais. PA3	45	AW30
Kinalty Rd, G44	78	BQ40
Kinarvie Cres, G53	60	BB38
Kinarvie Gdns, G53	60	BB38
Kinarvie Pl, G53	60	BB38
Kinarvie Rd, G53	60	BB38
Kinarvie Ter, G53	60	BB38
Kinbuck St, G22	37	BT25
Kincaid Gdns, (Camb.) G72	67	CC38
Kincardine Dr, (Bishop.) G64	24	BX21
Kincardine Sq, G33	40	CF27
Kincath Av, (Ruther.) G73	80	BZ42
Kincraig St, G51	47	BF31
Kinellan Rd, (Bears.) G61	20	BH20
Kinellar Dr, G14	18	BC23
Kingarth La, G42	64	BQ35
Kingarth St, G42	64	BQ35
King Edward Rd, G13	20	BH24
Kingfisher Dr, G13	18	BB22
Kingfisher Gdns, G13	18	BC22
King George V Br, G5	14	BR31
King George V Dock, G51	33	BP32
King George Gdns, Renf. PA4	32	BA27
King George Pk Av, Renf. PA4	32	BA28
Kinghorn Dr, G44	64	BS39
King Pl, (Baill.) G69	57	CQ32
Kingsacre Rd, G44	65	BT38
Kingsacre Rd, (Ruther.) G73	65	BU38
Kingsbarns Dr, G44	64	BR38
Kingsborough Gdns, G12	35	BK26
Kingsborough La, G12	35	BK26
Kingsborough La E, G12	35	BK26
Kingsbrae Av, G44	65	BS38
King's Br, G5	51	BT33
King's Br, G40	51	BT33
Kingsbridge Cres, G44	65	BT39
Kingsbridge Dr, G44	65	BT39
Kingsbridge Dr, (Ruther.) G73	65	BU39
Kingsburgh Dr, Pais. PA1	45	AX31
Kingsburn Dr, (Ruther.) G73	66	BW39
Kingsburn Gro, (Ruther.) G73	66	BW39
Kingscliffe Av, G44	65	BS39
Kingscourt Av, G44	65	BS39
Kings Cres, (Camb.) G72	82	CD40
Kings Cross, G31	51	BV30
Kingsdale Av, G44	64	BS38
King's Dr, G40	51	BU33
Kingsdyke Av, G44	65	BS38
Kingsford Av, G44	77	BN41
Kingsheath Av, (Ruther.) G73	65	BU39
Kingshill Dr, G44	65	BS39
Kingshouse Av, G44	65	BS38
Kingshurst Av, G44	64	BS38
Kings Inch Dr, G51	33	BD28
Kings Inch Pl, Renf. PA4	32	BB27
Kings Inch Rd, G51	32	BA25
Kings Inch Rd, Renf. PA4	32	BA25
Kingsknowe Dr, (Ruther.) G73	65	BU39
Kingsland Cres, G52	47	BD31
Kingsland Dr, G52	47	BD31
Kingsley Av, G42	64	BR36
Kingsley Ct, (Udd.) G71	71	CQ38
Kingslynn Dr, G44	65	BT39
Kings Pk Av, G44	65	BS40
King's Pk Av, (Ruther.) G73	65	BU39
Kings Pk Rd, G44	64	BR38
Kings Pl, G22	22	BR22
Kingston Av, (Udd.) G71	71	CQ37
Kingston Br, G3	13	BQ31
Kingston Br, G5	13	BQ31
Kingston Ind Est, G5	13	BP32
Kingston St, G5	13	BQ31
King St, G1	14	BS31
King St, (Ruther.) G73	66	BX37
King St, Clyde. G81	18	AZ21
King St, Pais. PA1	44	AS32
King's Vw, (Ruther.) G73	65	BW38
Kingsway, G14	19	BC24
Kingsway Ct, G14	19	BC24
Kingswood Dr, G44	65	BS39
Kingussie Dr, G44	65	BS39
Kiniver Dr, G15	19	BC20
Kinloch Av, (Camb.) G72	82	CD41
Kinloch Rd, Renf. PA4	31	AX29
Kinloch St, G40	52	BY33
Kinmount Av, G44	64	BR38
Kinnaird Pl, (Bishop.) G64	24	BX21
Kinnear Dr, G40	52	BX34
Kinnell Av, G52	47	BE34
Kinnell Cres, G52	47	BE34
Kinnell Sq, G52	47	BE34
Kinning Pk Ind Est, G5	13	BP32
Kinning St, G5	13	BQ32
Kinpurnie Rd, Pais. PA1	46	AZ32
Kinross Av, G52	47	BD33
Kinsail Dr, G52	46	BB31
Kinstone Av, G14	18	BC24
Kintillo Dr, G13	19	BD23
Kintore Rd, G43	64	BP39
Kintra St, G51	48	BK30
Kintyre St, G21	38	BW28
Kippen St, G22	23	BT23
Kippford St, G32	54	CE33
Kirkaig Av, Renf. PA4	32	BB27
Kirkbean Av, (Ruther.) G73	80	BW41
Kirkburn Av, (Camb.) G72	81	CC41
Kirkcaldy Rd, G41	63	BM35
Kirkconnel Av, G13	18	BB22
Kirkconnel Dr, (Ruther.) G73	79	BV40
Kirkdale Dr, G52	48	BG33
Kirkfield Rd, (Both.) G71	85	CQ42
Kirkhill Av, (Camb.) G72	81	CC42
Kirkhill Dr, G20	21	BN24
Kirkhill Gdns, (Camb.) G72	81	CC42
Kirkhill Gro, (Camb.) G72	81	CC42
Kirkhill Pl, (Gart.) G69	29	CP24
Kirkhill Rd, (Udd.) G71	70	CN37
Kirkhill Ter, (Camb.) G72	81	CC42
Kirkinner Rd, G32	54	CF34
Kirkintilloch Rd, (Bishop.) G64	23	BV21
Kirklandneuk Rd, Renf. PA4	31	AX25
Kirklands Cres, (Both.) G71	85	CQ42
Kirkland St, G20	36	BP26
Kirklee Circ, G12	35	BL25
Kirklee Gdns, G12	21	BL24
Kirklee Gdns La, G12	35	BM25
Kirklee Gate, G12	35	BM26
Kirklee Pl, G12	35	BM25
Kirklee Quad, G12	35	BM25
Kirklee Rd, G12	35	BL25
Kirklee Ter, G12	35	BL25
Kirklee Ter La, G12	35	BL25
Kirkliston St, G32	53	CB31
Kirk Ms, (Camb.) G72	81	CC40
Kirkmuir Dr, (Ruther.) G73	80	BX42
Kirknewton St, G32	53	CC31
Kirkoswald Rd, G43	63	BM39
Kirkpatrick Dr, G33	27	CG24
Kirkpatrick St, G40	52	BW32
Kirk Pl, (Udd.) G71	84	CN40
Kirkriggs Av, (Ruther.) G73	80	BX40
Kirkriggs Gdns, (Ruther.) G73	80	BX40
Kirkton Av, G13	18	BC23
Kirkton Av, (Barr.) G78	73	AX43

Kirkton Cres, G13	18	BC23
Kirkton Rd, (Camb.) G72	82	CD40
Kirktonside, (Barr.) G78	73	AX44
Kirkview Gdns, (Udd.) G71	70	CR37
Kirkville Pl, G15	19	BD20
Kirkwall Av, (Blan.) G72	84	CL43
Kirkwell Rd, G44	78	BR40
Kirkwood Av, G33	27	CH24
Kirkwood Av, Clyde. G81	18	AZ20
Kirkwood Rd, (Udd.) G71	70	CQ37
Kirkwood St, G51	49	BL32
Kirkwood St, (Ruther.) G73	66	BW37
Kirn St, G20	21	BL21
Kirriemuir Av, G52	47	BE34
Kirriemuir Pl, G52	47	BE33
Kirriemuir Rd, (Bishop.) G64	24	BY20
Kirtle Dr, Renf. PA4	32	BA27
Kishorn Pl, G33	40	CE28
Knapdale St, G22	21	BQ22
Knightsbridge St, G13	19	BF21
Knightscliffe Av, G13	19	BF21
Knights Gate, (Both.) G71	84	CN40
Knightswood Cross, G13	19	BF22
Knightswood Rd, G13	19	BD20
Knightswood Ter, (Blan.) G72	84	CN44
Knockburnie Rd, (Both.) G71	85	CQ41
Knockhall St, G33	40	CF27
Knockhill Dr, G44	64	BR38
Knockhill Rd, Renf. PA4	31	AW28
Knockside Av, Pais. PA2	58	AT38
Knock Way, Pais. PA3	45	AW30
Knowehead Dr, (Udd.) G71	70	CN39
Knowehead Gdns, (Udd.) G71	70	CN39
Knowehead Ter, G41	49	BN34
Knowe Rd, (Chry.) G69	28	CL21
Knowe Rd, Pais. PA3	45	AX30
Knowetap St, G20	21	BN22
Kyleakin Rd, (Thornlie.) G46	75	BF42
Kyleakin Ter, (Thornlie.) G46	75	BF42
Kyle Ct, (Camb.) G72	67	CC39
Kyle Dr, (Giff.) G46	77	BN42
Kylepark Av, (Udd.) G71	70	CM39
Kylepark Cres, (Udd.) G71	70	CM38
Kylepark Dr, (Udd.) G71	70	CM38
Kylerhea Rd, (Thornlie.) G46	75	BF42
Kyle Sq, (Ruther.) G73	79	BV40
Kyle St, G4	10	BS28

L

La Belle Allee, G3	8	BN28
La Belle Pl, G3	8	BN28
Laburnum Rd, G41	49	BL33
Laburnum Rd, (Udd.) G71	71	CS36
La Crosse Ter, G12	35	BN26
Lacy St, Pais. PA1	45	AW32
Lade Ter, G52	47	BC33
Ladhope Pl, G13	18	BA21
Ladyacres, (Inch.) Renf. PA4	16	AT23
Ladyacres Way, (Inch.) Renf. PA4	16	AT23
Ladybank Dr, G52	48	BG33
Ladyburn St, Pais. PA1	45	AW33
Ladyhill Dr, (Baill.) G69	55	CJ33
Lady Isle Cres, (Udd.) G71	70	CN39
Lady Jane Gate, (Both.) G71	84	CN41
Ladykirk Cres, G52	47	BD31
Ladykirk Cres, Pais. PA2	45	AV34

Ladykirk Dr, G52	47	BD31
Lady La, Pais. PA1	44	AT33
Ladymuir Cres, G53	61	BE35
Ladywell St, G4	15	BU30
Laggan Rd, G43	78	BN40
Laggan Rd, (Bishop.) G64	24	BX20
Laggan Ter, Renf. PA4	31	AX25
Laidlaw Gdns, (Udd.) G71	71	CP36
Laidlaw St, G5	13	BQ32
Laighlands Rd, (Both.) G71	85	CR43
Laighmuir St, (Udd.) G71	85	CP40
Laighpark Harbour, Pais. PA3		
Laighpark Vw, Pais. PA3	44	AU30
Lainshaw Dr, G45	78	BQ43
Laird Gro, (Udd.) G71	71	CQ37
Laird Pl, G40	51	BV33
Lairds Gate, (Udd.) G71	84	CM40
Lairg Dr, (Blan.) G72	84	CL43
Lamberton Dr, G52	47	BD31
Lambhill Quad, G41	12	BN32
Lambhill St, G41	12	BM32
Lamb St, G22	22	BR23
Lamington Rd, G52	47	BD33
Lamlash Cres, G33	40	CD29
Lamlash Sq, G33	40	CE29
Lammermoor Av, G52	47	BE33
Lammermoor Dr, Pais. PA2	58	AU37
Lammermuir Dr, Pais. PA2	58	AT37
Lamont Rd, G21	24	BX23
Lanark St, G1	15	BT31
Lancaster Cres, G12	35	BL25
Lancaster Cres La, G12	35	BL25
Lancaster Ter, G12	35	BL25
Lancefield Quay, G3	12	BN30
Lancefield St, G3	13	BP30
Landemer Dr, (Ruther.) G73	65	BV39
Landressy Pl, G40	51	BU33
Landressy St, G40	51	BV33
Lanfine Rd, Pais. PA1	45	AX32
Langa St, G20	21	BN22
Lang Av, Renf. PA4	31	AY28
Langbar Cres, G33	54	CG30
Langcraigs Dr, Pais. PA2	58	AS39
Langcroft Dr, (Camb.) G72	82	CE41
Langcroft Pl, G51	47	BE30
Langcroft Rd, G51	47	BF30
Langdale Av, G33	39	CA26
Langdale St, G33	39	CA26
Langford Dr, G53	75	BC42
Langford Pl, G53	75	BD42
Langhaul Rd, G53	60	BB36
Langlands Av, G51	33	BF29
Langlands Dr, G51	47	BF30
Langlands Rd, G51	47	BF30
Langlea Av, (Camb.) G72	81	BZ41
Langlea Ct, (Camb.) G72	81	CA41
Langlea Gdns, (Camb.) G72	81	CA40
Langlea Gro, (Camb.) G72	81	CA41
Langlea Rd, (Camb.) G72	81	CA41
Langlea Way, (Camb.) G72	81	CA40
Langley Av, G13	19	BD22
Langmuirhead Rd, (Kirk.) G66	25	CC21
Langmuir Rd, (Baill.) G69	57	CQ32
Langmuir Way, (Baill.) G69	57	CQ32
Langness Rd, G33	40	CD29
Langrig Rd, G21	38	BW25
Langshot St, G51	12	BM32
Langside Av, G41	63	BN36
Langside Av, (Udd.) G71	71	CS39
Langside Ct, (Both.) G71	85	CR44

Langside Dr, G43	77	BN40
Langside Gdns, G42	64	BQ38
Langside La, G42	64	BQ36
Langside Pl, G41	64	BP37
Langside Rd, G42	64	BQ36
Langside Rd, (Both.) G71	85	CR44
Langstile Pl, G52	46	BB32
Langstile Rd, G52	46	BB32
Lang St, Pais. PA1	45	AW33
Langton Cres, G53	61	BE36
Langton Cres, (Barr.) G78	74	AZ44
Langton Gdns, (Baill.) G69	55	CH33
Langton Rd, G53	61	BE37
Langtree Av, (Giff.) G46	76	BJ44
Lanrig Pl, (Chry.) G69	28	CL21
Lanrig Rd, (Chry.) G69	28	CL21
Lansbury Gdns, Pais. PA3	44	AT30
Lansdowne Cres, G20	9	BP27
Lansdowne Cres La, G20	9	BP27
Lanton Dr, G52	47	BD32
Lanton Rd, G43	77	BN40
Lappin St, Clyde. G81	18	AZ21
Larbert St, G4	10	BR28
Larch Av, (Bishop.) G64	24	BX21
Larchfield Av, G14	33	BD25
Larchfield Dr, (Ruther.) G73	80	BY41
Larchfield Pl, G14	33	BD25
Larchfield Rd, (Bears.) G61	20	BH20
Larchgrove Av, G32	54	CE31
Larchgrove Rd, G32	54	CE30
Larch Rd, G41	49	BK32
Largie Rd, G43	78	BP40
Largo Pl, G51	48	BG30
Largs St, G31	38	BX30
Larkin Gdns, Pais. PA3	44	AT30
Lasswade St, G14	18	BA23
Latherton Dr, G20	21	BM24
Latimer Gdns, G52	47	BC33
Laudedale La, G12	34	BK26
Lauderdale Gdns, G12	34	BK26
Lauder Dr, (Ruther.) G73	66	BZ39
Lauder Gdns, (Blan.) G72	84	CL43
Laundry La, G33	26	CE24
Laurelbank Rd, (Chry.) G69	27	CK22
Laurel Gdns, (Udd.) G71	70	CP37
Laurel Pk Cl, G13	19	BE24
Laurel Pk Gdns, G13	19	BE24
Laurel Pl, G11	34	BJ26
Laurel St, G11	34	BJ27
Laurel Wk, (Ruther.) G73	80	BY43
Laurel Way, (Barr.) G78	73	AX42
Laurie Ct, (Udd.) G71	71	CQ38
Laurieston Rd, G5	50	BR33
Laurieston Way, (Ruther.) G73	80	BX41
Laverockhall St, G21	37	BV26
Laverock Ter, (Chry.) G69	28	CP20
Lawers Rd, G43	76	BK40
Lawers Rd, Renf. PA4	31	AX28
Lawmoor Av, G5	51	BS34
Lawmoor Pl, G5	65	BS35
Lawmoor Rd, G5	51	BS34
Lawmoor St, G5	51	BS34
Lawn St, Pais. PA1	44	AV32
Lawrence Av, (Giff.) G46	77	BL44
Lawrence St, G11	35	BL27
Lawrie St, G11	35	BK27
Law St, G40	52	BW32
Laxford Av, G44	78	BQ41
Leabank Av, Pais. PA2	58	AU37
Leadburn Rd, G21	38	BY25
Leadburn St, G32	53	CA30
Leader St, G33	39	BZ28
Leander Cres, Renf. PA4	32	BA27

Name	Page	Grid
Leckie St, G43	63	BL37
Ledaig Pl, G31	52	BY30
Ledaig St, G31	52	BY30
Ledard Rd, G42	64	BY37
Ledgowan Pl, G20	21	BM21
Ledi Rd, G43	77	BL40
Lednock Rd, (Stepps) G33	26	CE24
Lednock Rd, G52	47	BC32
Lee Av, G33	39	CA28
Leebank Dr, G44	78	BP44
Lee Cres, (Bishop.) G64	24	BW21
Leefield Dr, G44	78	BP43
Leehill Rd, G21	23	BU22
Leeside Rd, G21	23	BU22
Leesland, (Udd.) G71	71	CQ37
Leewood Dr, G44	78	BQ43
Leggatston Dr, G53	75	BE42
Leggatston Rd, G53	75	BE43
Leglen Wd Cres, G21	25	BZ23
Leglen Wd Dr, G21	25	BZ23
Leglen Wd Pl, G21	25	BZ23
Leglen Wd Rd, G21	25	BZ23
Leicester Av, G12	21	BK24
Leighton St, G20	21	BN23
Leithland Av, G53	60	BD36
Leithland Rd, G53	60	BD36
Leith St, G33	39	BZ29
Lenihall Dr, G45	79	BQ43
Lenihall Ter, G45	79	BQ43
Lennox Av, G14	33	BE26
Lennox Cres, (Bishop.) G64	33	BV21
Lennox Gdns, G14	33	BF25
Lennox La E, G14	33	BF26
Lennox Ter, Pais. PA3	31	AW29
Lentran St, G34	56	CM30
Leny St, G20	36	BP25
Lenzie Pl, G21	23	BN22
Lenzie Rd, (Stepps) G33	26	CF23
Lenzie St, G21	23	BV24
Lenzie Ter, G21	23	BV24
Lenzie Way, G21	23	BV23
Leslie Rd, G41	49	BN34
Leslie St, G41	50	BP34
Lesmuir Dr, G14	18	BB24
Lesmuir Pl, G14	18	BB24
Letham Ct, G43	77	BN40
Letham Dr, G43	77	BN40
Letham Dr, (Bishop.) G64	24	BY21
Lethamhill Cres, G33	39	CB28
Lethamhill Pl, G33	39	CA28
Lethamhill Rd, G33	39	CA28
Letham Oval, (Bishop.) G64	24	BZ21
Letherby Dr, G42	64	BR38
Letherby Dr, G44	64	BR38
Lethington Av, G41	63	BN37
Lethington Pl, G41	63	BN37
Letterfearn Rd, G23	21	BN20
Letterickhills Cres, (Camb.) G72	82	CG42
Lettoch St, G51	48	BJ30
Leven Av, (Bishop.) G64	24	BX20
Leven Sq, Renf. PA4	31	AX25
Leven St, G41	50	BP34
Levern Br Ct, G53	60	BB39
Levern Br Gro, G53	60	BB39
Levern Br Pl, G53	60	BB39
Levern Br Rd, G53	60	BB39
Levern Br Way, G53	60	BB39
Levern Cres, (Barr.) G78	73	AX44
Leverndale Ct, G53	60	BB36
Leverndale Ind Cen, G53	60	BB37
Leverndale Rd, G53	60	BB36
Levern Gdns, (Barr.) G78	73	AX42
Levernside Av, (Barr.) G78	73	AW43
Levernside Cres, G53	61	BD36
Levernside Rd, G53	61	BE36
Lewis Av, Renf. PA4	32	AZ28
Lewiston Dr, G23	21	BM20
Leyden Ct, G20	21	BN24
Leyden Gdns, G20	21	BN24
Leyden St, G20	21	BN24
Leys, The, (Bishop.) G64	24	BW20
Liberton St, G33	39	BZ29
Liberty Av, (Baill.) G69	57	CQ32
Libo Av, G53	61	BF36
Library Gdns, (Camb.) G72	67	CB39
Liddells Ct, (Bishop.) G64	24	BW21
Liddell St, G32	68	CE36
Liddesdale Pl, G22	23	BU21
Liddesdale Rd, G22	22	BS22
Liddesdale Sq, G22	23	BU21
Liddesdale Ter, G22	23	BU22
Liddoch Way, (Ruther.) G73	65	BV37
Liff Gdns, (Bishop.) G64	24	BZ21
Liff Pl, G34	42	CL28
Lightburn Pl, G32	54	CD30
Lightburn Rd, G31	52	BY31
Lightburn Rd, (Camb.)	82	CF41
Lilac Cres, (Udd.) G71	71	CR37
Lilac Gdns, (Bishop.) G64	24	BX21
Lilac Wynd, (Camb.) G72	83	CG41
Lilybank Av, (Muir.) G69	28	CL22
Lilybank Av, (Camb.) G72	82	CC42
Lilybank Gdns, G12	8	BM27
Lilybank Gdns La, G12	8	BM27
Lily St, G40	52	BX34
Limecraigs Av, Pais. PA2	58	AS38
Limecraigs Cres, Pais. PA2	58	AS38
Limeside Av, (Ruther.) G73	66	BX38
Limeside Gdns, (Ruther.) G73	66	BX38
Lime St, G14	33	BF26
Limetree Av, (Udd.) G71	71	CR37
Limetree Quad, (Udd.) G71	71	CS37
Linacre Dr, G32	54	CE32
Linacre Gdns, G32	54	CF32
Linburn Pl, G52	46	BC31
Linburn Rd, G52	46	BA30
Lincoln Av, G13	19	BE23
Lincoln Av, (Udd.) G71	71	CP36
Lincuan Av, (Giff.) G46	77	BL44
Lindams, (Udd.) G71	85	CP40
Linden Pl, G13	20	BH22
Linden St, G13	20	BH22
Lindores Av, (Ruther.) G73	66	BX38
Lindrick Dr, G23	21	BN20
Lindsaybeg Ct, (Chry.) G69	28	CL21
Lindsaybeg Rd, (Chry.) G69	27	CK20
Lindsay Dr, G12	21	BK23
Lindsay Pl, G12	21	BK23
Linfern Rd, G12	35	BL26
Links Rd, G32	54	CF34
Links Rd, G44	78	BS41
Linlithgow Gdns, G32	54	CF32
Linn Cres, Pais. PA2	58	AS38
Linn Dr, G44	78	BP42
Linnet Pl, G13	18	BB22
Linnhead Dr, G53	61	BD39
Linnhead Pl, G14	33	BD25
Linnhe Av, G44	78	BQ41
Linnhe Av, (Bishop.) G64	24	BX20
Linnhe Dr, (Barr.) G78	73	AX40
Linnhe Pl, (Blan.) G72	84	CL43
Linn Pk, G44	78	BR42
Linnpark Av, G44	78	BP43
Linnpark Ct, G44	78	BP43
Linn Pk Ind Est, G45	78	BX43
Linn Valley Vw, G45	79	BT42
Linnwell Cres, Pais. PA2	58	AT37
Linnwood Ct, G44	78	BQ40
Linside Av, Pais. PA1	45	AW33
Linthaugh Rd, G53	61	BC35
Linthouse Bldgs, G51	34	BG29
Linthouse Rd, G51	34	BG28
Lintlaw, (Blan.) G72	84	CM44
Lintlaw Dr, G52	47	BD31
Linton St, G33	39	CA29
Lismore Av, Renf. PA4	32	AZ28
Lismore Dr, Pais. PA2	58	AT38
Lismore Pl, G12	20	BK24
Lismore Rd, G12	20	BK24
Lister Rd, G52	46	BC30
Lister St, G4	11	BT28
Lithgow Cres, Pais. PA2	59	AW35
Littlemill Cres, G53	61	BC37
Littlemill Dr, G53	61	BC37
Littlemill Gdns, G53	61	BC37
Littleton Dr, G23	21	BM20
Littleton St, G23	21	BM20
Livingstone Av, G52	32	BC29
Livingstone Cres, (Blan.) G72	84	CM44
Livingstone St, Clyde. G81	17	AY20
Lloyd Av, G32	67	CC35
Lloyd St, G31	38	BW29
Lloyd St, (Ruther.) G73	66	BX36
Loanbank Quad, G51	48	BH30
Loancroft Av, (Baill.) G69	56	CL34
Loancroft Gdns, (Udd.) G71	84	CN40
Loancroft Gate, (Udd.) G71	84	CN40
Loancroft Pl, (Baill.) G69	55	CK34
Loanend Cotts, (Camb.) G72	83	CH44
Loanfoot Av, G13	19	BC22
Loanhead Av, Renf. PA4	32	AZ26
Loanhead St, G32	53	CB30
Lobnitz Av, Renf. PA4	32	AZ26
Lochaber Dr, (Ruther.) G73	80	BZ41
Loch Achray Gdns, G32	54	CE33
Loch Achray St, G32	54	CE33
Lochaline Dr, G44	78	BQ41
Lochalsh Pl, (Blan.) G72	83	CK43
Lochar Cres, G53	61	BF35
Lochay St, G32	54	CE33
Lochbrae Dr, (Ruther.) G73	80	BZ41
Lochbridge Rd, G34	55	CJ30
Lochburn Cres, G20	21	BN22
Lochburn Pas, G20	21	BN22
Lochburn Rd, G20	21	BM23
Lochdochart Rd, G34	56	CL30
Lochearnhead Rd, G33	26	CD24
Lochend Av, (Gart.) G69	28	CN23
Lochend Cres, G34	41	CJ28
Lochend Dr, G34	41	CK28
Lochend Rd, G34	41	CK29
Lochend Rd, G69	42	CN27
Lochend Rd, (Gart.) G69	29	CP24
Lochend Rd, Coat. ML5	43	CS27
Lochfield Cres, Pais. PA2	58	AV36
Lochfield Dr, Pais. PA2	59	AW36
Lochfield Gdns, G34	42	CL28
Lochfield Rd, Pais. PA2	58	AV36
Lochgilp St, G20	21	BM23
Lochgreen Pl, Coat. ML5	43	CS27
Lochgreen St, G33	39	BZ27
Lochiel La, (Ruther.) G73	81	BZ41
Lochiel Rd, (Thornlie.) G46	76	BH41
Lochinver Dr, G44	78	BQ41
Loch Katrine St, G32	54	CE33
Loch Laidon St, G32	54	CF33
Lochlea Rd, G43	63	BM39

Name	Page	Grid
Lochlea Rd, (Ruther.) G73	79	BV40
Lochleven La, G42	64	BQ38
Lochleven Rd, G42	64	BQ38
Lochlibo Av, G13	18	BB23
Lochlibo Cres, (Barr.) G78	73	AW44
Lochlibo Ter, (Barr.) G78	73	AW44
Lochmaben Rd, G52	46	BB33
Lochmaddy Av, G44	78	BQ40
Lochore Av, Pais. PA3	45	AV30
Loch Rd, (Stepps) G33	26	CF24
Lochside, (Gart.) G69	29	CP23
Lochview Cotts, (Gart.) G69	42	CN26
Lochview Cres, G33	39	CB26
Lochview Dr, G33	39	CB26
Lochview Gdns, G33	39	CB26
Lochview Pl, G33	39	CB26
Lochview Rd, Coat. ML5	43	CS28
Lochview Ter, (Gart.) G69	28	CP24
Loch Voil St, G32	57	CF33
Lochwood St, G33	39	CA27
Lochy Av, Renf. PA4	32	BB28
Lochy Gdns, (Bishop.) G64	24	BX20
Lockerbie Av, G43	64	BP39
Lockhart Av, (Camb.) G72	68	CF39
Lockhart Dr, (Camb.) G72	68	CF39
Lockhart St, G21	38	BX27
Locksley Av, G13	19	BE21
Logan Dr, Pais. PA3	44	AS31
Logan St, G5	51	BT34
Loganswell Dr, (Thornlie.) G46	76	BG43
Loganswell Gdns, (Thornlie.) G46	76	BG43
Loganswell Pl, (Thornlie.) G46	76	BG43
Loganswell Rd, (Thornlie.) G46	76	BG43
Lomax St, G33	38	BZ29
Lomond Av, Renf. PA4	31	AX28
Lomond Cres, Pais. PA2	58	AT37
Lomond Dr, (Both.) G71	85	CR42
Lomond Dr, (Barr.) G78	73	AX41
Lomond Pl, (Stepps) G33	40	CG25
Lomond Rd, (Udd.) G71	71	CP36
Lomond St, G22	22	BR24
London Rd, G1	15	BT31
London Rd, G31	52	BX33
London Rd, G32	67	CA35
London Rd, G40	15	BU32
London St, Renf. PA4	18	AZ24
Lonend, Pais. PA1	44	AV33
Longay Pl, G22	23	BS21
Longay St, G22	23	BS21
Longcroft Dr, Renf. PA4	31	AY25
Longden St, Clyde. G81	18	AZ21
Longford St, G33	39	BZ29
Longlee, (Baill.) G69	55	CK33
Long Row, (Baill.) G69	55	CL31
Longstone Rd, G33	40	CD29
Lonmay Rd, G33	40	CF29
Lonsdale Av, (Giff.) G46	77	BL42
Lora Dr, G52	48	BG33
Loretto Pl, G33	39	CB29
Loretto St, G33	39	CB29
Lorn Av, (Chry.) G69	28	CM21
Lorne Rd, G52	32	BB29
Lorne St, G51	12	BM31
Lorne Ter, (Camb.) G72	81	CB42
Loskin Dr, G22	23	BS22
Lossie Cres, Renf. PA4	32	BB27
Lossie St, G33	39	BZ28
Lothian Cres, Pais. PA2	58	AT36
Lothian St, G52	32	BA29
Louden Hill Rd, G33	25	CA23
Loudon Rd, G33	26	CD24
Lounsdale Pl, G14	33	BD25
Lourdes Av, G52	47	BF33
Lourdes Ct, G52	47	BF33
Lovat Pl, G52	46	BA30
Lovat Pl, (Ruther.) G73	81	BZ41
Love St, Pais. PA3	44	AU30
Low Cres, Clyde. G81	18	AZ21
Lower Bourtree Dr, (Ruther.) G73	80	BY41
Lower Millgate, (Udd.) G71	70	CP39
Lowndes St, (Barr.) G78	73	AY43
Low Parksail, Ersk. PA8	16	AS21
Low Rd, (Castlehead) Pais. PA2	44	AS34
Loyne Dr, Renf. PA4	32	BB27
Luath St, G51	34	BJ29
Lubas Av, G42	65	BT38
Lubas Pl, G42	65	BT38
Lubnaig Rd, G43	63	BN39
Luckingsford Av, (Inch.) Renf. PA4	16	AT22
Luckingsford Dr, (Inch.) Renf. PA4	16	AS22
Luckingsford Rd, (Inch.) Renf. PA4	16	AS22
Lucy Brae, (Udd.) G71	70	CN37
Luffness Gdns, G32	66	CD35
Lugar Dr, G52	48	BG33
Lugar Pl, G44	79	BU40
Luggiebank Pl, (Baill.) G69	57	CQ33
Luing Rd, G52	48	BG32
Lumloch St, G21	38	BW25
Lumsden St, G3	8	BM25
Lunan Dr, (Bishop.) G64	24	BY21
Lunan Pl, G51	48	BG30
Luncarty Pl, G32	53	CC34
Luncarty St, G32	53	CC34
Lunderston Cl, G53	61	BD37
Lunderston Dr, G53	61	BC38
Lunderston Gdns, G53	61	BD37
Lundie Gdns, (Bishop.) G64	24	BZ21
Lundie St, G32	53	CA34
Lusshill Ter, (Udd.) G71	69	CK35
Luss Rd, G51	48	BH30
Lybster Cres, (Ruther.) G73	81	BZ42
Lyle, Pais. PA2	59	AV35
Lylesland Ct, Pais. PA2	58	AU35
Lymburn St, G3	8	BM28
Lyndale Pl, G20	11	BM21
Lyndale Rd, G20	11	BM21
Lyndhurst Gdns, G20	36	BP26
Lyndhurst Gdns La, G20	35	BN25
Lynedoch Cres, G3	9	BP28
Lynedoch Cres La, G3	9	BP28
Lynedoch Pl, G3	9	BP28
Lynedoch St, G3	9	BP28
Lynedoch Ter, G3	9	BP28
Lyne Dr, G23	21	BN20
Lynnhurst, (Udd.) G71	70	CP38
Lynton Av, (Giff.) G46	76	BJ44
Lyoncross Av, (Barr.) G78	74	AZ43
Lyoncross Rd, G53	61	BD35
Lytham Dr, G23	21	BN20
Lytham Meadows, (Both.) G71	84	CN43

M

Name	Page	Grid
McAlpine St, G2	13	BQ30
Macarthur Wynd, (Camb.) G72	82	CE40
McAslin Ct, G4	11	BT29
McAslin St, G4	11	BU29
Macbeth Pl, G31	52	BZ33
Macbeth St, G31	52	BZ33
McCallum Av, (Ruther.) G73	66	BX38
Maccallum Dr, (Camb.) G72	82	CE40
McClue Av, Renf. PA4	31	AX25
McClue Rd, Renf. PA4	31	AY25
McCracken Av, Renf. PA4	31	AX27
McCracken Dr, (Udd.) G71	71	CS37
McCreery St, Clyde. G81	18	AZ21
McCulloch Av, (Udd.) G71	71	CS39
McCulloch St, G41	50	BP33
McDonald Cres, Clyde. G81	18	AZ21
Macdougall Dr, (Camb.) G72	82	CE40
Macdougall St, G43	63	BL38
Macdowall St, Pais. PA3	44	AT31
Macduff Pl, G31	52	BZ33
Macduff St, G31	52	BZ33
Mace Rd, G13	18	BE20
Macfarlane Cres, (Camb.) G72	82	CE40
McFarlane St, G4	15	BU31
McFarlane St, Pais. PA3	44	AS30
McGown St, Pais. PA3	44	AT31
McGregor Av, Renf. PA4	31	AX27
McGregor Path, (Glenb.) Coat. ML5	29	CS23
McGregor St, G51	48	BH31
McGregor St, Clyde. G81	18	AZ21
Machrie Dr, G45	79	BV41
Machrie Rd, G45	79	BV41
Machrie St, G45	79	BV41
McIntosh Ct, G31	51	BV30
McIntosh St, G31	51	BV30
McIntyre Pl, Pais. PA2	58	AU35
McIntyre St, G3	13	BP30
McIver St, (Camb.) G72	68	CF39
Mackean St, Pais. PA3	44	AS31
McKechnie St, G51	34	BJ29
Mackeith St, G40	51	BV33
McKenzie St, Pais. PA3	44	AS32
McKerrell St, Pais. PA1	45	AW32
Mackinlay St, G5	50	BR33
McLaren Av, Renf. PA4	31	AY28
McLaren Cres, G20	21	BN22
McLaren Gdns, G20	21	BN22
Maclean Sq, G51	12	BM31
Maclean St, G51	12	BM31
Maclean St, Clyde. G81	18	BA21
Maclellan St, G41	49	BL32
McLennan St, G42	64	BQ37
Macleod St, G4	11	BU29
Macleod Way, (Camb.) G72	82	CE40
Macmillan Gdns, (Udd.) G71	71	CQ37
McNair St, G32	53	CC32
McNeil Gdns, G5	51	BT33
McNeil Av, Clyde. G81	18	BA20
McNeil St, G5	51	BT33
McPhail St, G40	51	BU33
McPhater St, G4	10	BR28
McPherson Dr, (Both.) G71	85	CR42
Madison Av, G44	78	BR40
Madras Pl, G40	51	BV34
Madras St, G40	51	BV34
Mafeking St, G51	49	BK31
Magnolia Dr, (Camb.) G72	83	CH42
Magnolia Pl, (Udd.) G71	71	CS37
Magnus Cres, G44	78	BR41
Mahon Ct, (Mood.) G69	28	CP20
Maidland Rd, G53	61	BE37
Mainhill Av, (Baill.) G69	56	CM32
Mainhill Dr, (Baill.) G69	56	CL32
Mainhill Pl, (Baill.) G69	56	CL32
Mainhill Rd, (Baill.) G69	56	CP32

Name		
Main Rd, (Castlehead) Pais. PA2	44	AT33
Mains Av, (Giff.) G46	77	BK44
Mainscroft, Ersk. PA8	16	AS20
Mains Dr, Ersk. PA8	16	AS20
Mains River, Ersk. PA8	16	AS20
Main St, G40	51	BV34
Main St, (Thornlie.) G46	76	BH42
Main St, (Baill.) G69	56	CL33
Main St, (Chry.) G69	28	CM20
Main St, (Both.) G71	65	CQ43
Main St, (Udd.) G71	70	CP39
Main St, (Camb.) G72	67	CC39
Main St, (Ruther.) G73	66	BW37
Main St, (Barr.) G78	73	AX43
Mains Wd, Ersk. PA8	16	AT20
Mair St, G51	12	BN31
Maitland Pl, Renf. PA4	31	AX27
Maitland St, G4	10	BR28
Malin Pl, G33	39	CB29
Mallaig Pl, G51	47	BF36
Malloch St, G20	21	BN24
Malta Ter, G5	50	BR33
Maltbarns St, G20	36	BO26
Malvern Ct, G31	52	BW31
Malvern Way, Pais. PA3	30	AT29
Mamore Pl, G43	63	BL39
Mamore St, G43	63	BL39
Manchester Dr, G12	20	BJ23
Mannering Ct, G41	63	BL37
Mannering Rd, G41	63	BL37
Manor Rd, G14	34	BG25
Manor Rd, G15	18	BB20
Manor Rd, (Gart.) G69	29	CP24
Manor Way, (Ruther.) G73	80	BY41
Manresa Pl, G4	10	BR27
Manse Av, (Both.) G71	85	CQ43
Manse Brae, G44	64	BR39
Manse Brae, (Camb.) G72	83	CJ40
Manse Ct, (Barr.) G78	74	AZ42
Mansefield Av, (Camb.) G72	81	CC41
Manse Gdns, G32	54	CF33
Mansel St, G21	23	BV24
Manse Rd, G32	54	CF33
Manse Rd, (Baill.) G69	56	CN31
Manse St, Renf. PA4	32	AZ25
Mansewood Rd, G43	68	BK39
Mansfield Rd, (Udd.) G71	71	CQ39
Mansfield Rd, G52	46	BB30
Mansfield St, G11	35	BL27
Mansion Ct, (Camb.) G72	67	CC39
Mansionhouse Av, G32	68	CE37
Mansionhouse Dr, G32	54	CE31
Mansionhouse Gdns, G41	63	BN38
Mansionhouse Gro, G32	55	CG34
Mansionhouse Rd, G32	55	CG33
Mansionhouse Rd, G41	63	BN38
Mansionhouse Rd, Pais. PA1	45	AW32
Mansion St, G22	22	BS24
Mansion St, (Camb.) G72	67	CC39
Maple Cres, (Camb.) G72	83	CH42
Maple Rd, G41	48	BK33
Marchbank Gdns, Pais. PA1	46	AZ33
Marchfield Av, Pais. PA3	30	AT29
March St, G41	64	BP35
Maree Dr, G52	48	BG33
Maree Gdns, (Bishop.) G64	24	BX20
Marfield St, G32	53	CA30
Mar Gdns, (Ruther.) G73	80	BZ41
Marguerite Gdns, (Both.) G71	85	CR43
Marine Cres, G51	12	BN31
Mariscat St, G41	63	BN35
Marjory Dr, Pais. PA3	45	AW30
Marjory Rd, Renf. PA4	31	AW28
Markdow Av, G53	60	BC36
Market Rd, (Udd.) G71	71	CS38
Market St, (Udd.) G71	71	CS38
Marlach Pl, G53	60	BC36
Marlborough Av, G11	34	BH26
Marlborough La N, G11	34	BH26
Marlborough La S, G11	34	BH26
Marldon La, G11	34	BH26
Marlow St, G41	49	BN34
Marne St, G31	52	BX30
Marnock Ter, Pais. PA2	45	AW34
Marquis Gate, (Udd.) G71		CN40
Marshall's La, Pais. PA1	44	AU33
Martha St, G1	10	BS29
Martin Cres, (Baill.) G69	56	CL32
Martin St, G40	51	BV34
Martyrs Pl, (Bishop.) G64	24	BW21
Marwick St, G31	52	BX30
Maryhill Rd, G20	36	BP26
Maryhill Shop Cen, G20	21	BN24
Maryland Dr, G52	48	BG33
Maryland Gdns, G52	48	BG32
Mary Sq, (Baill.) G69	57	CP32
Maryston Pl, G33	39	BZ27
Maryston St, G33	39	BZ27
Mary St, G4	10	BR27
Mary St, Pais. PA2	58	AU35
Maryville Av, (Giff.) G46	77	BL43
Maryville Gdns, (Giff.) G46	77	BL43
Maryville Vw, (Udd.) G71	70	CM36
Marywood Sq, G41	64	BP35
Masterton St, G21	37	BS26
Masterton Way, (Udd.) G71	71	CR36
Mathieson Rd, (Ruther.) G73	66	BY36
Mathieson St, G5	51	BT33
Mathieson St, Pais. PA1	45	AX32
Matilda Rd, G41	49	BN34
Mauchline St, G5	50	BQ33
Maukinfauld Ct, G32	53	BZ34
Maukinfauld Gdns, G31	53	CA33
Maukinfauld Rd, G32	53	CA34
Mauldslie St, G40	52	BX33
Maule Dr, G11	34	BJ27
Mavis Br, (Bishop.) G64	23	BV21
Mavisbank Gdns, G51	12	BN31
Mavisbank Ter, Pais. PA1	45	AV34
Maxton Av, (Barr.) G78	73	AW42
Maxton Gro, (Barr.) G78	73	AW43
Maxton Ter, (Camb.) G72	81	CB42
Maxwell Av, G41	49	BN33
Maxwell Av, (Baill.) G69	55	CJ33
Maxwell Dr, G41	49	BL33
Maxwell Dr, (Baill.) G69	55	CJ32
Maxwell Gdns, G41	49	BM33
Maxwell Gro, G41	49	BM33
Maxwell Oval, G41	50	BP33
Maxwell Pl, G41	50	BQ34
Maxwell Rd, G41	50	BP33
Maxwell St, G1	14	BS31
Maxwell St, (Baill.) G69	55	CK33
Maxwell St, Pais. PA3	44	AU32
Maxwell Ter, G41	49	BN33
Maxwellton Ct, Pais. PA1	44	AS33
Maxwellton St, Pais. PA1	44	AS34
Maybank La, G42	50	BQ36
Mayberry Cres, G32	54	CF32
Mayberry Gdns, G32	54	CF32
Mayberry Gro, G32	54	CF32
Maybole St, G53	60	BB39
Mayfield St, G20	22	BP23
May Rd, Pais. PA2	58	AU38
May Ter, G42	64	BR37
May Ter, (Giff.) G46	77	BL42
Meadowbank La, (Udd.) G71	70	CN39
Meadow La, (Both.) G71	85	CR43
Meadow La, Renf. PA4	18	AZ24
Meadowpark St, G31	52	BX30
Meadow Rd, G11	34	BJ27
Meadows Av, Ersk. PA8	16	AS20
Meadows Dr, Ersk. PA8	16	AS20
Meadowside Ind Est, Renf. PA4	18	AZ23
Meadowside Quay, G11	34	BG28
Meadowside St, G11	34	BJ28
Meadowside St, Renf. PA4	18	AZ24
Meadowwell St, G32	54	CD32
Medwin St, (Camb.) G72	82	CF40
Medwyn St, G14	33	BF26
Meek Pl, (Camb.) G72	82	CD40
Megan St, G40	51	BV33
Meikle Av, Renf. PA4	31	AY27
Meiklerig Cres, G53	61	BE35
Meikle Rd, G53	61	BE37
Meiklewood Rd, G51	47	BF31
Melbourne Ct, (Giff.) G46	77	BM42
Melbourne St, G31	51	BV31
Meldrum Gdns, G41	63	BM35
Meldrum St, Clyde. G81	18	AZ21
Melford Av, (Giff.) G46	77	BM43
Melfort Av, G41	48	BK33
Mellerstain Dr, G14	18	BA23
Melrose Av, (Ruther.) G73	66	BX38
Melrose Ct, (Ruther.) G73	66	BX38
Melrose Gdns, G20	36	BP26
Melrose Gdns, (Udd.) G71	71	CP36
Melrose Pl, (Blan.) G72	84	CL44
Melvaig Pl, G20	21	BM24
Melville St, G41	50	BP34
Memel St, G21	23	BU24
Memus Av, G52	47	BE33
Menock Rd, G44	64	BR39
Menteith Av, (Bishop.) G64	24	BX20
Menteith Dr, (Ruther.) G73	80	BZ43
Menteith Pl, (Ruther.) G73	80	BZ43
Menzies Dr, G21	24	BW24
Menzies Pl, G21	24	BW24
Menzies Rd, G21	24	BW24
Merchant La, G1	14	BS31
Merchiston St, G32	53	CA30
Merkland Rd, Coat. ML5	43	CS27
Merkland St, G11	34	BK27
Merlewood Av, (Both.) G71	85	CR41
Merlinford Av, Renf. PA4	32	BA26
Merlinford Cres, Renf. PA4	32	BA26
Merlinford Dr, Renf. PA4	32	BA26
Merlinford Way, Renf. PA4	32	BA26
Merlin Way, Pais. PA3	45	AX30
Merrick Gdns, G51	48	BK32
Merrick Ter, (Udd.) G71	71	CR38
Merrick Way, (Ruther.) G73	80	BX42
Merryburn Av, (Giff.) G46	77	BM40
Merrycrest Av, (Giff.) G46	77	BM41
Merrycroft Av, (Giff.) G46	77	BM41
Merryland Pl, G51	49	BK30
Merryland St, G51	49	BK30
Merrylee Cres, (Giff.) G46	77	BL40
Merrylee Pk Av, (Giff.) G46	77	BM41
Merrylee Pk La, (Giff.) G46	77	BL41
Merrylee Pk Ms, (Giff.) G46	77	BM40
Merrylee Rd, G43	77	BM40
Merrylee Rd, G44	77	BN40
Merryton Av, (Giff.) G46	77	BL41
Merryvale Av, (Giff.) G46	77	BM41
Merryvale Pl, (Giff.) G46	77	BL40

Name		
Merton Dr, G52	47	BC32
Meryon Gdns, G32	68	CF35
Methil St, G14	33	BE26
Methuen Rd, Pais. PA3	31	AV28
Methven St, G31	53	BZ34
Mews La, Pais. PA3	45	AV30
Micklehouse Oval, (Baill.) G69	55	CK31
Micklehouse Pl, (Baill.) G69	55	CK31
Micklehouse Rd, (Baill.) G69	55	CK31
Micklehouse Wynd, (Baill.) G69	55	CK31
Mid Cotts, (Gart.) G69	42	CL26
Midcroft Av, G44	79	BT40
Middle Pk, Pais. PA2	44	AT35
Middlesex Gdns, G41	12	BN31
Middlesex St, G41	12	BN32
Middleton St, G51	49	BL31
Midland St, G1	14	BR30
Midlem Dr, G52	47	BE32
Midlem Oval, G52	47	BE32
Midlock St, G51	49	BL32
Midlothian Dr, G41	63	BM36
Midton Cotts, (Mood.) G69	29	CQ20
Midton St, G21	37	BV26
Midwharf St, G4	10	BR27
Milan St, G41	50	BQ34
Milford St, G33	39	CC29
Millands Av, (Blan.) G72	84	CL44
Millarbank St, G21	37	BU25
Millar Ter, (Ruther.) G73	66	BX36
Millbeg Cres, G33	55	CH31
Millbeg Pl, G33	55	CG32
Millbrae Av, (Chry.) G69	28	CM21
Millbrae Ct, G42	64	BP38
Millbrae Cres, G42	63	BN38
Millbrae Cres, Clyde. G81	18	AZ22
Millbrae Gdns, G42	64	BP38
Millbrae Rd, G42	63	BN38
Millbrix Av, G14	18	BC24
Millburn Av, (Ruther.) G73	66	BW39
Millburn Av, Clyde. G81	18	BA21
Millburn Av, Renf. PA4	32	AZ26
Millburn Dr, Renf. PA4	32	BA26
Millburn Rd, Renf. PA4	32	AZ26
Millburn St, G21	37	BV28
Millburn Way, Renf. PA4	32	BA26
Mill Cres, G40	51	BV34
Millcroft Rd, (Ruther.) G73	79	BV35
Millennium Ct, G34	42	CL29
Millennium Gdns, G34	56	CL30
Millerfield Pl, G40	52	BX34
Millerfield Rd, G40	52	BX34
Miller La, Clyde. G81	17	AX20
Millersneuk Cres, G33	26	CC24
Millerston St, G31	52	BW31
Miller St, G1	14	BS30
Miller St, (Baill.) G69	55	CK33
Miller St, Clyde. G81	17	AX20
Millgate, (Udd.) G71	71	CP37
Millgate Av, (Udd.) G71	71	CP37
Millgate Ct, (Udd.) G71	70	CP38
Millholm Rd, G44	78	BR41
Millhouse Cres, G20	21	BL22
Millhouse Dr, G20	21	BK22
Millport Av, G44	64	BS38
Mill Rd, (Both.) G71	85	CQ44
Mill Rd, (Camb.) G72	82	CF40
Mill Rd, Clyde. G81	18	AZ22
Millroad Dr, G40	15	BU31
Millroad Gdns, G40	51	BV31
Millroad St, G40	15	BU31
Millstream Ct, Pais. PA1	45	AV33
Mill St, G40	51	BV34
Mill St, (Ruther.) G73	66	BW37
Mill St, Pais. PA1	44	AV33
Millview, (Barr.) G78	74	AZ42
Millview Pl, G53	75	BD41
Millwood St, G41	63	BN37
Milnbank St, G31	38	BW29
Milncroft Pl, G33	39	CC28
Milncroft Rd, G33	39	CC28
Milner La, G13	20	BG24
Milner Rd, G13	20	BG24
Milnpark Gdns, G41	12	BM32
Milnpark St, G41	12	BM32
Milovaig Av, G23	21	BM20
Milovaig St, G23	21	BM20
Milrig Rd, (Ruther.) G73	65	BV38
Milton Av, (Camb.) G72	81	CA40
Milton Dr, (Bishop.) G64	23	BU22
Milton Gdns, (Udd.) G71	70	CN37
Milton St, G4	10	BS28
Milverton Rd, (Giff.) G46	76	BJ44
Minard Rd, G41	63	BN36
Minerva St, G3	8	BN29
Minerva Way, G3	8	BN29
Mingarry St, G20	35	BN25
Mingulay Cres, G22	23	BT21
Mingulay Pl, G22	23	BU21
Mingulay St, G22	23	BT21
Minmoir Rd, G53	60	BB38
Minstrel Rd, G13	19	BF20
Minto Av, (Ruther.) G73	80	BZ41
Minto Cres, G52	48	BH32
Minto St, G52	48	BH32
Mireton St, G22	22	BR24
Mirrlees Dr, G12	35	BL25
Mirrlees La, G12	35	BL25
Mitchell Av, (Camb.) G72	68	CG39
Mitchell Av, Renf. PA4	31	AX27
Mitchell Dr, (Ruther.) G73	66	BX39
Mitchellhill Rd, G45	79	BV43
Mitchell La, G1	14	BR30
Mitchell St, G1	14	BR30
Mitre Ct, G11	34	BH25
Mitre Gate, G11	34	BH25
Mitre La, G14	33	BF25
Mitre La W, G14	33	BF25
Mitre Rd, G11	34	BH25
Mitre Rd, G14	34	BG25
Moat Av, G13	19	BE22
Mochrum Rd, G43	63	BN39
Moffat Pl, (Blan.) G72	84	CM44
Moffat St, G5	51	BT33
Moidart Av, Renf. PA4	31	AX35
Moidart Ct, (Barr.) G78	73	AX40
Moidart Cres, G52	48	BG32
Moidart Pl, G52	48	BG32
Moidart Rd, G52	48	BG32
Moir St, G1	15	BT31
Molendinar Cl, G33	39	CA27
Molendinar Gdns, G33	39	BZ27
Molendinar St, G1	15	BT31
Mollinsburn St, G21	37	BU26
Monach Rd, G33	40	CE29
Monar Dr, G22	36	BR26
Monar Pl, G22	22	BP24
Moncur St, G40	15	BU31
Moness Dr, G52	48	BG33
Monifieth Av, G52	47	BF34
Monikie Gdns, (Bishop.) G64	24	BZ20
Monkcastle Dr, (Camb.) G72	67	CC39
Monkland Vw Cres, (Baill.) G69	57	CP32
Monksbridge Av, G13	19	BE20
Monkscroft Av, G11	34	BJ26
Monmouth Av, G12	20	BJ23
Monreith Av, G43	63	BN39
Monreith Rd E, G44	78	BQ40
Monreith Rd, (Udd.) G71	71	CP36
Monroe Dr, (Udd.) G71	71	CP36
Monroe Pl, (Udd.) G71	71	CP36
Montague La, G12	35	BK25
Montague St, G4	9	BP27
Monteith Pl, G40	15	BU32
Monteith Row, G40	15	BU32
Montford Av, G44	65	BT38
Montford Av, (Ruther.) G73	65	BU38
Montgomery Av, Pais. PA3	31	AX29
Montgomery Dr, (Giff.) G46	77	BL44
Montgomery Rd, Pais. PA3	31	AW29
Montgomery St, G40	52	BW33
Montgomery St, (Camb.) G72	82	CG40
Montrave St, G52	47	BF33
Montrose Av, G32	68	CE36
Montrose Av, G52	32	BB29
Montrose Gdns, (Blan.) G72	84	CL43
Montrose St, G1	15	BT30
Montrose St, G4	11	BT29
Montrose Ter, (Bishop.) G64	24	BY22
Monument Dr, G33	25	CA24
Moodiesburn St, G33	39	BZ27
Moorburn Av, (Giff.) G46	76	BK42
Moorfoot Av, (Thornlie.) G46	76	BJ42
Moorfoot Av, Pais. PA2	58	AT36
Moorfoot St, G32	53	CA31
Moorhouse Av, G13	18	BB23
Moorhouse St, (Barr.) G78	73	AY43
Moorpark Av, G52	46	BB31
Moorpark Av, (Muir.) G69	28	CL22
Moorpark Dr, G52	46	BC31
Moorpark Pl, G52	46	BB31
Moorpark Sq, Renf. PA4	31	AX27
Morag Av, (Blan.) G72	84	CL44
Moraine Av, G15	19	BD20
Moraine Circ, G15	19	BC20
Moraine Dr, G15	19	BC20
Morar Dr, (Ruther.) G73	80	BX42
Morar Pl, Renf. PA4	31	AX25
Morar Rd, G52	48	BG32
Morar Ter, (Udd.) G71	71	CR38
Morar Ter, (Ruther.) G73	80	BZ42
Moravia Av, (Both.) G71	85	CQ42
Moray Ct, (Ruther.) G73	66	BW37
Moray Gdns, (Udd.) G71	71	CP38
Moray Gate, (Both.) G71	84	CN41
Moray Pl, G41	63	BN35
Moray Pl, (Bishop.) G64	24	BY20
Moray Pl, (Chry.) G69	28	CM21
Mordaunt St, G40	52	BW34
Moredun Cres, G32	54	CE30
Moredun St, G32	54	CE30
Morefield Rd, G51	47	BF30
Morgan Ms, G42	50	BR34
Morion Rd, G13	19	BF21
Morley St, G42	64	BQ38
Morningside St, G33	39	BZ29
Morrin St, G21	37	BU25
Morrison St, G5	13	BQ31
Morriston Cres, Renf. PA4	32	BB28
Morriston Pk Dr, (Camb.) G72	67	CC39
Morriston St, (Camb.) G72	67	CC39
Morton Gdns, G41	63	BL36
Morven Av, (Bishop.) G64	24	BY20
Morven Av, (Blan.) G72	84	CL44
Morven Av, Pais. PA2	58	AT37
Morven Gait, Ersk. PA8	16	AU21

Name	Page	Grid
Morven Gdns, (Udd.) G71	71	CP37
Morven La, (Blan.) G72	84	CL44
Morven Dr, (Camb.) G72	81	CB42
Morven St, G52	48	BG32
Morven Way, (Both.) G71	85	CR42
Mosesfield St, G21	23	BV24
Mosque Av, G5	18	BS32
Mossbank Av, G33	39	CB25
Mossbank Dr, G33	39	CB25
Moss Dr, (Barr.) G78	73	AW40
Mossend La, G33	40	CF29
Mossend St, G33	54	CF30
Mossgiel Av, (Ruther.) G73	80	BW40
Mossgiel Gdns, (Udd.) G71	70	CN37
Mossgiel Pl, (Ruther.) G73	80	BW40
Mossgiel Rd, G43	63	BM38
Mossgiel Ter, (Blan.) G72	84	CL43
Moss Hts Av, G52	47	BF32
Mossland Rd, G52	32	BA29
Mosslands Rd, Pais. PA3	30	AT29
Mossneuk Dr, Pais. PA2	58	AS37
Mosspark Av, G52	48	BH33
Mosspark Boul, G52	48	BG33
Mosspark Dr, G52	47	BE33
Mosspark Oval, G52	48	BG34
Mosspark Sq, G52	48	BG34
Moss Path, (Baill.) G69	55	CH34
Moss Rd, G51	87	BE31
Moss Rd, (Muir.) G69	28	CL22
Moss-Side Rd, G41		BM36
Moss St, Pais. PA1	44	AU32
Mossvale Cres, G33	40	CE27
Mossvale La, Pais. PA3	44	AT31
Mossvale Path, G33	40	CE26
Mossvale Rd, G33	40	CD26
Mossvale Sq, G33	40	CD26
Mossvale Sq, Pais. PA3	44	AT31
Mossvale St, Pais. PA3	44	AT30
Mossvale Wk, G33	40	CE27
Mossview Quad, G52	48	BE32
Mossview Rd, G33	26	CG24
Mote Hill Rd, Pais. PA3	44	AW31
Moulin Circ, G52	47	BC33
Moulin Pl, G52	47	BC33
Moulin Rd, G52	47	BC33
Moulin Ter, G52	47	BC33
Mountainblue St, G31	52	BW32
Mount Annan Dr, G44		BR38
Mountgarrie Rd, G51	47	BF30
Mount Harriet Av, (Stepps) G33	26	CG23
Mount Harriet Dr, (Stepps) G33	26	CF23
Mount Lockhart, (Udd.) G71	69	CK35
Mount St, G20	36	BP26
Mount Stuart St, G41	83	BN37
Mount Vernon Av, G32	55	CG34
Mowbray Av, (Gart.) G69	29	CP24
Moyne Rd, G53	61	BC35
Muirbank Av, (Ruther.) G73	65	BV38
Muirbank Gdns, (Ruther.) G73	65	BV38
Muirbrae Rd, (Ruther.) G73	80	BX41
Muirburn Av, G44	77	BN41
Muirdrum Av, G52	65	BF34
Muirdykes Av, G52	46	BC32
Muirdykes Rd, G52	46	BC32
Muiredge Ct, (Udd.) G71	72	CP39
Muiredge Ter, (Baill.) G69	55	CK33
Muirend Av, G44	77	BN41
Muirend Rd, G44	77	BN41
Muirfield Cres, G23	21	BN20
Muirfield Meadows, (Both.) G71	84	CN43
Muirhead Ct, (Baill.) G69	56	CL33
Muirhead Gdns, (Baill.) G69	56	CL33
Muirhead Gate, (Udd.) G71	71	CR37
Muirhead Gro, (Baill.) G69	56	CL33
Muirhead Rd, (Baill.) G69	56	CK34
Muirhead Way, (Bishop.) G64	24	BZ20
Muirhill Av, G44	77	BN41
Muirhill Cres, G13	18	BC22
Muirkirk Dr, G13	20	BH22
Muirpark Av, Renf. PA4	31	AY27
Muirpark Dr, (Bishop.) G64	24	BW21
Muir Pk Ter, (Bishop.)	23	BV21
Muirshiel Av, G53	61	BE39
Muirshiel Cres, G53	61	BE39
Muirside Av, G32	54	CG34
Muirside Rd, (Baill.) G69	55	CK33
Muirside St, (Baill.) G69	55	CK33
Muirskeith Cres, G43	64	BP39
Muirskeith Pl, G43	64	BP39
Muirskeith Rd, G43	64	BP39
Muir St, (Bishop.) G64	24	BW20
Muir St, Renf. PA4	32	AZ25
Muir Ter, Pais. PA3	45	AW30
Muiryfauld Dr, G31	53	CA33
Mulben Cres, G53	60	BB38
Mulben Pl, G53	60	BB38
Mulben Ter, G53	60	BB38
Mulberry Rd, G43	77	BM40
Mulberry Rd, (Udd.) G71	71	CS36
Mulberry Wynd, (Camb.) G72	83	CH42
Mullardoch St, G23	21	BM20
Mull Av, Pais. PA2	58	AT38
Mull Av, Renf. PA4	31	AY28
Mull St, G21	38	BX27
Munlochy Rd, G51	47	BF30
Munro La, G13	20	BG24
Munro La E, G13	20	BG24
Munro Pl, G13	20	BG22
Munro Rd, G13	20	BG24
Murano St, G20	36	BP25
Muriel St, (Barr.) G78	73	AY42
Muriel St Ind Est, (Barr.) G78	73	AY41
Murray Business Area, Pais. PA3	44	AT31
Murrayfield Dr, (Bears.) G61	20	BG20
Murrayfield St, G32	53	CA30
Murray Path, (Udd.) G71	70	CN39
Murray Pl, (Barr.) G78	74	AZ41
Murray Rd, (Both.) G71	85	CQ42
Murray St, Pais. PA3	44	AS31
Murray St, Renf. PA4	31	AY26
Murrin Av, (Bishop.) G64	24	BZ20
Murroes Rd, G51	47	BF30
Muslin St, G40	53	BV33
Mybster Rd, G51	47	BF30
Myers Cres, (Udd.) G71	85	CQ40
Myreside Pl, G32	53	BZ31
Myreside St, G32	53	BZ31
Myres Rd, G53	61	BF37
Myroch Pl, G34	42	CL28
Myrtle Hill La, G42	64	BS37
Myrtle Pk, G42	84	BR36
Myrtle Pl, G42	64	BS36
Myrtle Rd, (Udd.) G71	71	CR37
Myrtle Sq, (Bishop.) G64	24	BW21
Myrtle St, (Blan.) G72	84	CM44
Myrtle Vw Rd, G42	64	BS37
Myrtle Wk, (Camb.) G72	67	CB39

N

Name	Page	Grid
Naburn Gate, G5	50	BS33
Nairn Av, (Blan.) G72	84	CL43
Nairnside Rd, G21	24	BY22
Nairn St, G3	8	BM28
Naismith St, G32	68	CE36
Nansen St, G20	36	BQ26
Napier Dr, G51	34	BK29
Napier Pl, G51	34	BK29
Napier Rd, G51	34	BK29
Napier Rd, G52	32	BB28
Napiershall La, G20	9	BP27
Napiershall St, G20	9	BP27
Napier St, G51	35	BK29
Napier St, Clyde. G81	17	AY22
Napier Ter, G51	34	BK29
Naseby Av, G11	34	BH26
Naseby La, G11	34	BH26
Nasmyth Pl, G52	47	BC30
Nasmyth Rd, G52	47	BC30
Nasmyth Rd N, G52	47	BC30
Nasmyth Rd S, G52	47	BC30
Navar Pl, Pais. PA2	59	AW35
Naver St, G33	39	CA28
Neidpath, (Baill.) G69	55	CJ33
Neilsland Dr, G52	48	BF37
Neilsland Oval, G53	61	BF36
Neilsland Sq, G53	61	BF36
Neilston Av, G53	75	BE40
Neilston Rd, Pais. PA2	44	AU34
Neil St, Pais. PA1	44	AS33
Neil St, Renf. PA4	18	AZ24
Neilvaig Dr, (Ruther.) G73	80	BY42
Neistpoint Dr, G33	39	CC29
Nelson Mandela Pl, G2	10	BS29
Nelson Pl, (Baill.) G69	55	CK33
Nelson St, G5	13	BQ31
Nelson St, (Baill.) G69	55	CK33
Neptune St, G51	35	BK30
Ness Dr, (Blan.) G72	84	CN44
Ness Rd, Renf. PA4	31	AX25
Ness St, G33	39	CA28
Nethan St, G51	34	BJ29
Nether Auldhouse Rd, G43	63	BK38
Netherburn Av, G44	78	BP43
Netherby Dr, G41	49	BM33
Nethercairn Rd, G43	77	BL41
Nethercliffe Av, G44	78	BP43
Nethercommon Harbour, Pais. PA3	44	AU30
Nethercraigs Dr, Pais. PA2	58	AS37
Netherdale Dr, Pais. PA1	46	BB34
Netherfield St, G31	52	BY31
Nethergreen Cres, Renf. PA4	31	AX26
Nethergreen Rd, Renf. PA4	31	AX26
Nethergreen Wynd, Renf. PA4	31	AX26
Netherhill Av, G44	78	BP44
Netherhill Cres, Pais. PA3	45	AW31
Netherhill Rd, (Mood.) G69	27	CP20
Netherhill Rd, Pais. PA3	45	AV31
Netherhill Way, Pais. PA3	45	AX30
Netherhouse Pl, G34	42	CN29
Netherhouse Rd, (Baill.) G69	56	CM30
Netherlee Pl, G44	78	BQ41
Netherlee Rd, G44	78	BP42
Netherpark Av, G44	78	BP44
Netherplace Cres, G53	61	BD37
Netherplace Rd, G53	61	BD37
Netherton Ct, G45	79	BV43
Netherton Dr, (Barr.) G78	74	AZ43
Netherton Rd, G13	20	BG21

Name		
Netherton St, G13	20	BH22
Nethervale Av, G44	78	BP44
Netherview Rd, G44	78	BQ44
Netherway, G44	78	BP44
Neuk Av, (Muir.) G69	28	CL22
Neuk Way, G32	68	CE37
Nevis Ct, (Barr.) G78	73	AY44
Nevis Rd, G43	77	BK40
Nevis Rd, Renf. PA4	31	AX28
Nevis Way, (Abbots.) Pais. PA3	30	AU28
Newark Dr, G41	49	BM34
Newark Dr, Pais. PA2	58	AS37
Newbank Ct, G31	53	CA33
Newbank Gdns, G31	53	BZ33
Newbank Rd, G31	53	CA33
Newbattle Ct, G32	68	CD35
Newbattle Gdns, G32	68	CD35
Newbattle Pl, G32	68	CD35
Newbattle Rd, G32	67	CC36
Newbold Av, G21	23	BU22
Newburgh St, G43	63	BM38
New City Rd, G4	10	BR28
Newcroft Dr, G44	79	BT40
New Edinburgh Rd, (Udd.) G71	71	CP38
New Edinburgh Rd, Bell. ML4	71	CP38
Newfield La, (Both.) G71	85	CR42
Newfield Pl, (Thornlie.) G46	76	BH43
Newfield Pl, (Ruther.) G73	65	BU38
Newfield Sq, G53	60	BC39
Newgrove Gdns, (Camb.) G72	67	CC39
Newhall St, G40	51	BU34
Newhaven Rd, G33	40	CD29
Newhaven St, G32	53	CC30
Newhills Rd, G33	55	CG30
New Inchinnan Rd, Pais. PA3	44	AU30
Newington St, G32	53	CB31
Newlandsfield Rd, G43	63	BM38
Newlands Rd, G43	63	BN39
Newlands Rd, G44	64	BQ39
Newlands Rd, (Udd.) G71	71	CP37
New Luce Dr, G32	54	CF34
Newmains Rd, Renf. PA4	31	AX27
Newmill Rd, G21	24	BY24
Newnham Rd, Pais. PA1	46	AZ33
New Rd, (Camb.) G72	82	CG41
Newshot Dr, Ersk. PA8	16	AS22
New Sneddon St, Pais. PA3	44	AU32
Newstead Gdns, G23	21	BN20
New St, Pais. PA1	44	AU33
Newton Av, (Camb.) G72	68	CF39
Newton Av, (Barr.) G78	73	AY44
Newton Brae, (Camb.) G72	69	CG39
Newton Dr, (Udd.) G71	71	CQ38
Newton Fm Rd, (Camb.) G72	69	CH38
Newtongrange Av, G32	54	CD34
Newtongrange Gdns, G32	68	CD35
Newton Pl, G3	9	BP28
Newton Sta Rd, (Camb.) G72	83	CG41
Newton St, Pais. PA1	44	AS33
Newton Ter La, G3	9	BP29
Newtyle Dr, G53	60	BB36
Newtyle Pl, G53	60	BB36
Newtyle Pl, (Bishop.) G64	24	BZ20
Newtyle Rd, Pais. PA1	45	AX33
New Wynd, G1	14	BS31
Niamh Ct, (Inch.) Renf. PA4	16	AS22
Nicholas St, G1	15	BT30
Nicholson St, G5	14	BR31
Nicolson Ct, (Stepps) G33	26	CG24
Niddrie Rd, G42	64	BP35
Niddrie Sq, G42	64	BP35
Nigel Gdns, G41	63	BM36
Nigg Pl, G34	41	CJ29
Nimmo Dr, G51	48	BG30
Nisbet St, G31	53	BZ32
Nith Dr, Renf. PA4	32	BA27
Nithsdale Dr, G41	64	BP35
Nithsdale Pl, G41	64	BP35
Nithsdale Rd, G41	63	BM35
Nithsdale Rd, G41	64	BP35
Nithsdale St, G41	64	BP35
Nith St, G33	38	BZ28
Nitshill Rd, (Thornlie.) G46	75	BF42
Nitshill Rd, G53	60	BB39
Niven St, G20	21	BL23
Noldrum Av, G32	82	CE37
Norbreck Dr, (Giff.) G46	77	BL41
Norby Rd, G11	34	BH26
Norfield Dr, G44	64	BR38
Norfolk Ct, G5	14	BR32
Norfolk St, G5	14	BS32
Norham St, G41	63	BN36
Norman St, G40	51	BV34
Norse Pl, G14	33	BE25
Norse Rd, G14	33	BE25
Northampton Dr, G12	20	BK23
Northampton La, G12	20	BK23
Northbank Av, (Camb.) G72	68	CF39
North Bk Pl, Clyde. G81	17	AY21
North Bk St, Clyde. G81	17	AY21
North Brae Pl, G13	19	BD22
North British Rd, (Udd.) G71	71	CP39
North Calder Gro, (Udd.) G71	69	CK35
North Calder Pl, (Udd.) G71	69	CK35
North Calder Rd, (Udd.) G71	71	CS36
North Canal Bk, G4	10	BS27
North Canal Bk St, G4	10	BS27
North Corsebar Rd, Pais. PA2	58	AS35
North Ct La, G1	14	BS30
Northcroft Rd, G21	37	BV25
North Cft St, Pais. PA3	44	AV32
North Dean Pk Av, (Both.) G71	85	CQ42
North Douglas St, Clyde. G81	17	AY21
North Elgin Pl, Clyde. G81	17	AY22
North Elgin St, Clyde. G81	17	AY22
North Frederick St, G1	14	BS30
North Gardner St, G11	35	BK27
Northgate Quad, G21	24	BY23
Northgate Rd, G21	24	BY22
North Gower St, G51	49	BL32
North Hanover St, G1	35	BS29
Northinch Ct, G14	33	BF27
Northinch St, G14	33	BF27
Northland Av, G14	19	BE24
Northland Dr, G14	19	BE24
North La Lo Rd, Renf. PA4	31	AY25
North Pk Av, (Thornlie.) G46	76	BH41
North Pk Av, (Barr.) G78	73	AX42
Northpark St, G20	36	BP25
North Portland St, G1	15	BT30
North St, G3	9	BP29
North St, Pais. PA3	44	AU31
Northumberland St, G20	35	BN25
North Wallace St, G4	11	BT28
Northway, (Blan.) G72	84	CL44
North Woodside Rd, G20	36	BP26
Norval St, G11	34	BJ27
Norwich Dr, G12	21	BK24
Norwood Dr, (Giff.) G46	76	BJ44
Norwood Ter, (Udd.) G71	71	CQ38
Novar Dr, G12	34	BJ25
Nuneaton St, G40	52	BW34
Nurseries Rd, (Baill.) G69	55	CH31
Nursery La, G41	64	BP35
Nutberry Ct, G42	64	BR36

O

Name		
Oakbank Ind Est, G20	36	BR26
Oak Cres, (Baill.) G69	55	CJ33
Oakdene Av, (Udd.) G71	71	CR38
Oak Dr, (Camb.) G72	82	CE41
Oakfield Av, G12	8	BN27
Oakfield La, G12	8	BN27
Oakhill Av, (Baill.) G69	55	CH34
Oakley Dr, G44	78	BP42
Oakley Ter, G31	51	BV30
Oak Pk, (Bishop.) G64	24	BX20
Oak Pl, (Udd.) G71	71	CS38
Oakridge Rd, (Baill.) G69	57	CR32
Oakshaw Brae, Pais. PA1	44	AT32
Oakshawhead, Pais. PA1	44	AT32
Oakshaw St E, Pais. PA1	44	AT32
Oakshaw St W, Pais. PA1	44	AT32
Oak St, G2	13	BQ30
Oaktree Gdns, G45	79	BV41
Oakwood Cres, G34	42	CM28
Oakwood Dr, G34	42	CM29
Oak Wynd, (Camb.) G72	83	CH42
Oatfield St, G21	38	BX25
Oban Dr, G20	35	BN25
Oban La, G20	35	BN25
Observatory Rd, G12	35	BL26
Ochil Dr, (Barr.) G78	73	AX44
Ochil Dr, Pais. PA2	58	AU37
Ochil Pl, G32	54	CC33
Ochil Rd, (Bishop.) G64	24	BY20
Ochil Rd, Renf. PA4	31	AX28
Ochil St, G32	54	CC33
Ochiltree Av, G13	20	BH22
Ochil Vw, (Udd.) G71	71	CQ37
Ogilvie Pl, G31	53	BZ33
Ogilvie St, G31	53	BZ33
Old Bothwell Rd, (Both.) G71	85	CR44
Old Castle Gdns, G44	64	BR39
Old Castle Rd, G44	64	BR39
Old Ch Gdns, (Baill.) G69	57	CQ32
Old Dalmarnock Rd, G40	51	BV33
Old Dumbarton Rd, G3	35	BL28
Old Edinburgh Rd, (Udd.) G71	70	CN36
Old Edinburgh Rd, Bell. ML4	71	CQ38
Old Fm Rd, Pais. PA2	60	AZ36
Old Gartloch Rd, (Gart.) G69	42	CP25
Old Glasgow Rd, (Udd.)	70	CM37
Old Govan Rd, Renf. PA4	32	BB26
Old Greenock Rd, (Inch.) Renf. PA4	16	AT22
Oldhall Rd, Pais. PA1	47	AY32
Old Manse Rd, G32	54	CF33
Old Mill Rd, (Both.) G71	85	CQ44
Old Mill Rd, (Udd.) G71	84	CP40
Old Mill Rd, (Camb.) G72	68	CF39
Old Rutherglen Rd, G5	51	BS33
Old Shettleston Rd, G32	53	CC32
Old Sneddon St, Pais. PA3	44	AU32
Old Wd Rd, (Baill.) G69	55	CJ34
Old Wynd, G1	14	BS31
Olifard Av, (Both.) G71	85	CR42
Olive Bk, (Udd.) G71	57	CS36

Olive St, G33	39	BZ25
Olympia St, G40	51	BV32
O'Neill Av, (Bishop.) G64	24	BX21
Onslow Dr, G31	52	BW30
Onslow Sq, G31	52	BW30
Oran Ct, G20	21	BN24
Oran Gate, G20	21	BN24
Oran Pl, G20	35	BN25
Oran St, G20	21	BN24
Orbiston Gdns, G32	53	CC32
Orcades Dr, G44	78	BR41
Orchard Av, (Both.) G71	85	CR44
Orchard Ct, G32	68	CD37
Orchard Ct, (Thornlie.) G46	78	BJ42
Orchard Dr, (Giff.) G46	77	BK42
Orchard Dr, (Ruther.) G73	65	BV37
Orchard Gro, (Giff.) G46	78	BK41
Orchard Pk, (Giff.) G46	77	BL42
Orchard Pk Av, (Giff.) G46	78	BJ41
Orchard St, (Baill.) G69	55	CH34
Orchard St, Pais. PA1	44	AU33
Orchard St, Renf. PA4	32	AZ25
Orchy Av, (Clark.) G76	78	BP44
Orchy Dr, (Clark.) G76	78	BP44
Orchy Gdns, (Clark.) G76	78	BP44
Orchy St, G44	64	BQ39
Oregon Pl, G5	51	BS33
Orion Way, (Camb.) G72	67	CC39
Orkney St, G51	48	BK30
Orleans Av, G14	34	BG26
Orleans La, G14	34	BG26
Ormiston Av, G14	33	BE25
Ormonde Av, G44	78	BP42
Ormonde Ct, G44	78	BN42
Ormonde Cres, G44	78	BP42
Ormonde Dr, G44	78	BP42
Ornsay St, G22	23	BT22
Orr Pl, G40	51	BV31
Orr Sq, Pais. PA1	44	AU32
Orr St, G40	51	BV32
Orr St, Pais. PA1	44	AT32
Orr St, Pais. PA2	44	AU34
Osborne St, G1	14	BS31
Osprey Dr, (Udd.) G71	71	CQ38
Ossian Av, Pais. PA1	46	BB32
Ossian Rd, G43	63	BN39
Oswald St, G1	14	BR30
Otago La, G12	8	BN27
Otago La N, G12	8	BN27
Otago St, G12	8	BN27
Otterburn Dr, (Giff.) G46	77	BL43
Otterswick Pl, G33	40	CE27
Oval, The, (Clark.) G76	78	BP44
Oval, The, (Glenb.) Coat. ML5	29	CS23
Overdale Av, G42	64	BP37
Overdale Gdns, G42	64	BP37
Overdale St, G42	64	BP37
Overlea Av, (Ruther.) G73	67	BZ39
Overnewton St, G3	8	BM28
Overton Rd, (Camb.) G72	82	CF41
Overton St, (Camb.) G72	82	CF41
Overtoun Dr, (Ruther.) G73	66	BW38
Overtown Av, G53	61	BC39
Overtown Pl, G31	52	BW32
Overtown St, G31	52	BW32
Overwood Dr, G44	64	BS39
Oxford La, G5	14	BR32
Oxford La, Renf. PA4	31	AY26
Oxford Rd, Renf. PA4	31	AY26
Oxford St, G5	14	BR31

Oxton Dr, G52	47	BD32

P

Pacific Dr, G51	49	BL31
Pacific Quay, G51	12	BM30
Paisley Rd, G5	13	BQ31
Paisley Rd, (Barr.) G78	73	AX40
Paisley Rd, Renf. PA4	31	AX28
Paisley Rd W, G51	49	BL32
Paisley Rd W, G52	48	BJ32
Paladin Av, G13	19	BD21
Palmer Av, G13	19	BF20
Palm Pl, (Udd.) G71	71	CR36
Pandora Way, (Udd.) G71	71	CQ38
Panmure St, G20	36	BQ25
Park Av, G3	9	BP27
Park Av, (Barr.) G78	73	AX44
Park Av, Pais. PA2	58	AS36
Park Brae, Ersk. PA8	16	AS21
Parkbrae Gdns, G20	22	BQ23
Parkbrae Pl, G20	22	BQ23
Park Circ, G3	8	BN28
Park Circ La, G3	8	BN28
Park Circ Pl, G3	8	BN28
Park Ct, (Giff.) G46	77	BL43
Park Cres, (Inch.) Renf. PA4	16	AS22
Park Dr, G3	8	BN27
Park Dr, (Ruther.) G73	66	BW38
Park Dr, Ersk. PA8	16	AS21
Park Gdns, G3	8	BN28
Park Gdns La, G3	8	BN28
Park Gate, G3	8	BN28
Park Gate, Ersk. PA8	16	AS21
Parkgrove Av, (Giff.) G46	77	BM42
Parkgrove Ct, (Giff.) G46	77	BM42
Parkgrove Ter, G3	8	BN28
Parkhead Cross, G31	52	BZ32
Parkhill Dr, (Ruther.) G73	66	BW38
Parkhill Rd, G43	63	BM37
Parkhouse Rd, G53	74	BB41
Parkhouse Rd, (Barr.) G78	74	BB41
Parkinch, Ersk. PA8	16	AS21
Parklands Rd, G44	78	BP42
Parklands Vw, G53	60	BB36
Parkneuk Rd, G43	77	BL41
Park Quad, G3	8	BN28
Park Ridge, Ersk. PA8	16	AS20
Park Rd, G4	8	BN27
Park Rd, G32	68	CE37
Park Rd, (Giff.) G46	77	BL43
Park Rd, (Baill.) G69	57	CP32
Park Rd, (Muir.) G69	28	CL21
Park Rd, (Inch.) Renf. PA4	16	AT22
Park Rd, Pais. PA2	58	AT36
Parksail, Ersk. PA8	16	AS21
Parksail Dr, Ersk. PA8	16	AS21
Parkside Gdns, G20	22	BQ23
Parkside Pl, G20	22	BQ23
Park St S, G3	8	BN28
Park Ter, G3	8	BN28
Park Ter, (Giff.) G46	77	BL43
Park Ter E La, G3	8	BN28
Park Ter La, G3	8	BN28
Park Top, Ersk. PA8	16	AS20
Parkvale Av, Ersk. PA8	16	AT21
Parkvale Cres, Ersk. PA8	16	AT21
Parkvale Dr, Ersk. PA8	16	AT21
Parkvale Gdns, Ersk. PA8	16	AT20
Parkvale Pl, Ersk. PA8	16	AT21
Parkvale Way, Ersk. PA8	16	AT21
Park Vw, Pais. PA2	58	AS36
Parkview Dr, (Stepps) G33	26	CG23
Park Winding, Ersk. PA8	16	AS21
Park Wd, Ersk. PA8	16	AS20
Parnie St, G1	14	BS31
Parsonage Row, G1	15	BT30
Parsonage Sq, G4	15	BT30
Parson St, G4	11	BU29

Partick Br St, G11	35	BL27
Partickhill Av, G11	35	BK27
Partickhill Ct, G11	35	BK26
Partickhill Rd, G11	34	BK26
Paterson St, G5	13	BQ32
Pathhead Gdns, G33	25	CB23
Patna St, G40	52	BX34
Paton St, G31	52	BX30
Patrick St, Pais. PA2	44	AV34
Patterton Dr, (Barr.) G78	74	AZ43
Payne St, G4	10	BS27
Pearce St, G51	34	BJ29
Pearson Dr, Renf. PA4	27	CK20
Peathill Av, (Chry.) G69	27	CK20
Peathill St, G21	37	BS26
Peat Rd, G53	61	BD39
Peebles Dr, (Ruther.) G73	66	BZ38
Peel La, G11	34	BK27
Peel Pl, (Both.) G71	85	CQ42
Peel St, G11	34	BK27
Peinchorran, Ersk. PA8	16	AS22
Pembroke St, G3	9	BP29
Pencaitland Dr, G32	53	CC34
Pencaitland Gro, G32	67	CC35
Pencaitland Pl, G23	21	BN20
Pendale Ri, G45	78	BT42
Pendeen Cres, G33	54	CG32
Pendeen Pl, G33	55	CH31
Pendeen Rd, G33	54	CG32
Pendicle Ct, (Gart.) G69	29	CP23
Penicuik St, G32	52	BZ31
Penilee Rd, G52	32	AZ29
Penilee Rd, Pais. PA1	46	BA32
Penilee Ter, G52	46	BA31
Peninver Dr, G51	33	BF29
Penman Av, (Ruther.) G73	65	BV37
Pennan Pl, G14	19	BC24
Penneld Rd, G52	46	BB32
Penrith Av, (Giff.) G46	77	BL42
Penrith Dr, G12	20	BJ23
Penryn Gdns, G32	54	CF34
Penston Rd, G33	40	CF29
Pentland Cres, Pais. PA2	58	AT37
Pentland Dr, (Barr.) G78	73	AX44
Pentland Dr, Renf. PA4	31	AX29
Pentland Rd, G43	77	BL40
Pentland Rd, (Chry.) G69	28	CM20
Percy Dr, (Giff.) G46	77	BL44
Percy Rd, Renf. PA4	31	AW29
Petershill Ct, G21	38	BY25
Petershill Dr, G21	38	BX25
Petershill Pl, G21	38	BX25
Petershill Rd, G21	37	BV26
Peterson Dr, G13	18	BA21
Peterson Gdns, G13	18	BA21
Petition Pl, (Udd.) G71	85	CQ40
Pettigrew St, G32	53	CC32
Peveril Av, G41	63	BM36
Peveril Av, (Ruther.) G73	80	BY40
Peveril Ct, (Ruther.) G73	80	BY40
Phoenix Ind Est, Pais. PA3	30	AU29
Piccadilly St, G3	13	BP30
Piershill St, G32	53	CB30
Pikeman Rd, G13	19	BE23
Pilmuir Av, G44	78	BP41
Pilrig St, G32	53	CA30
Pine Av, (Camb.) G72	83	CH42
Pine Gro, (Baill.) G69	57	CQ31
Pine Gro, (Udd.) G71	71	CR37
Pine Pl, G5	51	BS33
Pine St, Pais. PA2	59	AW35
Pinkerton Av, (Ruther.) G73	65	BU37
Pinkerton La, Renf. PA4	32	AZ28
Pinkston Dr, G21	11	BU27
Pinkston Rd, G4	37	BT26
Pinkston Rd, G21	37	BT26
Pinmore Pl, G53	60	BB39
Pinmore St, G53	60	BB39
Pinwherry Dr, G33	25	CB23

Name		
Pinwherry Pl, (Both.) G71	85	CQ42
Pitcairn St, G31	53	CA33
Pitcaple Dr, G43	62	BK39
Pitlochry Dr, G52	47	BD33
Pitreavie Pl, G33	40	CE27
Pitt St, G2	13	BD30
Pladda Rd, Renf. PA4	32	AZ28
Plaintrees Ct, Pais. PA2	48	AU35
Plane Pl, (Udd.) G71	71	CR36
Plantation Sq, G51	28	BN31
Plant St, G31	52	BY31
Playfair St, G40	52	BW34
Plean St, G14	18	BC24
Pleasance St, G43	63	BL37
Pointhouse Rd, G3	12	BN30
Pollok Av, G43	63	BK37
Pollok Dr, (Bishop.) G64	23	BU20
Pollokshaws Rd, G41	60	BQ35
Pollokshaws Rd, G43	63	BK38
Pollok Shop Cen, G53	61	BE38
Polmadie Av, G5	65	BT35
Polmadie Ind Est, G5	65	BU35
Polmadie Rd, G5	51	BU34
Polmadie Rd, G42	65	BS36
Polmadie St, G42	65	BS36
Polnoon Av, G13	19	BC23
Polquhap Ct, G53	60	BC37
Polquhap Gdns, G53	60	BC37
Polquhap Pl, G53	60	BC37
Polquhap Rd, G53	60	BC37
Polsons Cres, Pais. PA2	58	AT35
Polwarth La, G12	34	BK25
Polwarth St, G12	34	BK26
Poplar Pl, (Blan.) G72	84	CL44
Poplar Way, (Camb.) G72	83	CH42
Poplin St, G40	51	BV34
Porchester St, G33	40	CF27
Portal Rd, G13	19	BE21
Port Dundas Ind Est, G4	10	BS27
Port Dundas Pl, G2	10	BS29
Port Dundas Rd, G4	10	BR28
Port Dundas Trd Centres, G4	10	BS27
Porterfield Rd, Renf. PA4	31	AX26
Porters Well, (Udd.) G71	84	CN40
Portland St, Pais. PA2	45	AX34
Portman St, G41	12	BN32
Portsoy Pl, G13	18	BA21
Port St, G3	9	BP29
Portugal St, G5	14	BR32
Possil Cross, G22	36	BS26
Possil Rd, G4	36	BR26
Potassels Rd, (Muir.) G69	28	CL22
Potter Cl, G32	53	CA34
Potter Gro, G32	53	CA34
Potterhill Av, Pais. PA2	58	AU37
Potterhill Rd, G53	61	BD35
Potter Pl, G32	53	CA34
Potter St, G32	53	CA34
Powburn Cres, (Udd.) G71	70	CM38
Powfoot St, G31	52	BZ32
Powrie St, G33	40	CE26
Prentice La, (Udd.) G71	71	CQ37
Preston Pl, G42	64	BR35
Preston St, G42	64	BR35
Prestwick St, G53	60	BC39
Priesthill Av, G53	61	BE39
Priesthill Cres, G53	61	BE39
Priesthill Rd, G53	61	BD39
Primrose Pl, (Udd.) G71	71	CS37
Primrose St, G14	33	BE26
Prince Albert Rd, G12	34	BK26
Prince Edward St, G42	64	BQ35
Prince's Dock, G51	49	BL30
Princes Gdns, G12	35	BK26
Princes Gate, (Both.) G71	84	CN41
Princes Gate, (Ruther.) G73	66	BW37
Princes Pl, G12	35	BL26
Princess Cres, Pais. PA1	45	AX32
Princess Dr, (Baill.) G69	57	CQ32
Princes Sq, (Barr.) G78	74	AZ42
Princes St, (Ruther.) G73	66	BW37
Princes Ter, G12	35	BL26
Priorwood Ct, G13	19	BF23
Priorwood Gdns, G13	19	BF23
Priorwood Pl, G13	19	BF23
Priory Av, Pais. PA3	45	AW30
Priory Dr, (Udd.) G71	70	CM38
Priory Pl, G13	19	BF22
Priory Rd, G13	19	BF22
Prosen St, G32	53	CB34
Prospect Av, (Udd.) G71	70	CN39
Prospect Av, (Camb.) G72	67	CE39
Prospecthill Circ, G42	65	BT36
Prospecthill Cres, G42	65	BU37
Prospecthill Dr, G42	64	BS37
Prospecthill Pl, G42	65	BU37
Prospecthill Rd, G42	64	BQ37
Prospecthill Sq, G42	65	BT37
Prospect Rd, G43	63	BM37
Provand Hall Cres, (Baill.) G69	55	CK34
Provanhill St, G21	37	BV28
Provanmill Rd, G33	38	BZ26
Provan Rd, G33	38	BY28
Provost Driver Ct, Renf. PA4	32	AZ27
Purdon St, G11	35	BK27

Q

Quadrant Rd, G43	77	BN40
Quarry Av, (Camb.) G72	82	CG42
Quarrybrae St, G31	53	BZ32
Quarryknowe, (Ruther.) G73	65	BV38
Quarryknowe St, G31	53	CA32
Quarry Pl, (Camb.) G72	53	CA39
Quarry Rd, (Barr.) G78	73	AX41
Quarry Rd, Pais. PA2	46	AV36
Quarrywood Av, G21	38	BY25
Quarrywood Rd, G21	38	BZ25
Quay Rd, (Ruther.) G73	66	BW36
Quay Rd N, (Ruther.) G73	66	BW36
Quebec Wynd, G32	68	CE37
Queen Elizabeth Av, G52	46	BA30
Queen Elizabeth Sq, G5	51	BT33
Queen Margaret Dr, G12	35	BM26
Queen Margaret Dr, G20	35	BM26
Queen Margaret Rd, G20	35	BN25
Queen Mary Av, G42	64	BR36
Queen Mary St, G40	51	BV33
Queens Av, (Camb.) G72	68	CD39
Queensbank Av, (Gart.) G69	28	CN22
Queensborough Gdns, G12	34	BJ25
Queensby Av, (Baill.) G69	55	CK31
Queensby Dr, (Baill.) G69	55	CK31
Queensby Pl, (Baill.) G69	56	CL31
Queensby Rd, (Baill.) G69	55	CK31
Queens Cres, G4	9	BP27
Queen's Cres, (Baill.) G69	57	CP32
Queens Dr, G42	64	BP35
Queens Dr La, G42	64	BR36
Queensferry St, G5	65	BU35
Queensland Ct, G52	47	BE31
Queensland Dr, G52	47	BE31
Queensland Gdns, G52	47	BE31
Queensland La E, G52	47	BE31
Queensland La W, G52	47	BE31
Queenslie Ind Est, G33	40	CE29
Queenslie St, G33	39	BZ27
Queens Pk Av, G42	64	BR36
Queens Pl, G12	35	BL26
Queen Sq, G41	64	BP35
Queen St, G1	14	BS30
Queen St, (Ruther.) G73	66	BW37
Queen St, Pais. PA1	44	AS33
Queen St, Renf. PA4	32	AZ26
Queen Victoria Dr, G13	19	BE24
Queen Victoria Dr, G14	19	BE25
Queen Victoria Gate, G13	19	BE24
Quendale Dr, G32	53	CB34
Quentin St, G41	63	BN36
Quinton Gdns, (Baill.) G69	55	CJ32

R

Raasay Dr, Pais. PA2	58	AT38
Raasay Pl, G22	23	BS21
Raasay St, G22	23	BS21
Raeberry St, G20	36	BP26
Raeswood Dr, G53	60	BB37
Raeswood Gdns, G53	60	BB37
Raeswood Pl, G53	60	BC37
Raeswood Rd, G53	60	BB37
Rafford St, G51	48	BJ30
Raglan St, G4	9	BQ27
Raithburn Av, G45	78	BS42
Raithburn Rd, G45	79	BS42
Ralston Av, G52	46	BB33
Ralston Av, Pais. PA1	46	BB34
Ralston Ct, G52	46	BB33
Ralston Dr, G52	46	BB33
Ralston Path, G52	46	BB33
Ralston Pl, G52	46	BB33
Ralston Rd, (Barr.) G78	73	AY43
Ralston St, Pais. PA1	45	AW33
Rampart Av, G13	19	BC21
Ramsay Pl, Coat. ML5	57	CS32
Ram St, G32	53	CB32
Ranald Gdns, (Ruther.) G73	82	BZ42
Randolph Av, (Clark.) G76	78	BQ44
Randolph Dr, (Clark.) G76	78	BP44
Randolph Gdns, (Clark.) G76	78	BP44
Randolph La, G11	34	BH26
Randolph Rd, G11	34	BH25
Ranfurly Rd, G52	46	BB32
Rankin Way, (Barr.) G78	74	BA42
Rannoch Av, (Bishop.) G64	24	BX20
Rannoch Dr, Renf. PA4	31	AY25
Rannoch Pl, Pais. PA2	45	AW34
Rannoch Rd, (Udd.) G71	70	CN36
Rannoch St, G44	64	BQ39
Raploch Av, G14	33	BD25
Raploch La, G14	33	BD25
Rathlin St, G51	33	BJ29
Ratho Dr, G21	23	BU24
Rattray St, G32	53	CA34
Ravel Row, G31	52	BZ32
Ravelston St, G32	53	BZ31
Raven Wynd, (Udd.) G71	71	CQ37
Ravenscliffe Dr, (Giff.) G46	76	BK42
Ravenscraig Av, Pais. PA2	58	AS35
Ravenscraig Dr, G53	61	BD39
Ravenshall Rd, G41	63	BL37
Ravenstone Dr, (Giff.) G46	77	BL40
Ravenswood Dr, G41	63	BM36
Ravenswood Rd, (Baill.) G69	56	CL33
Redan St, G40	51	BV32
Redcastle Sq, G33	40	CF28
Redford St, G33	38	BZ29
Redgate Pl, G14	33	BD25
Redlands La, G12	35	BL25
Redlands Rd, G12	35	BL25
Redlands Ter, G12	35	BL25
Redlands Ter La, G12	35	BL25
Redlawood Pl, (Camb.) G72	69	CJ39
Redlawood Rd, (Camb.) G72	69	CJ39

Redmoss St, G22	22	BR24
Rednock St, G22	37	BS25
Redpath Dr, G52	47	BE32
Red Rd, G21	38	BX25
Red Rd Ct, G21	38	BX26
Redwood Cres, (Udd.) G71	71	CS37
Redwood Cres, (Camb.) G72	83	CH42
Redwood Dr, G21	38	BW26
Reelick Av, G13	18	BA21
Reelick Quad, G13	18	BA21
Reen Pl, (Both.) G71	85	CR41
Regent Moray St, G3	8	BM28
Regent Pk Sq, G41	64	BP35
Regents Gate, (Both.) G71	84	CM41
Regent St, Pais. PA1		AX32
Regwood St, G41	63	BM37
Reidhouse St, G21	37	BV25
Reid Pl, G40	51	BV33
Reid St, G40	51	BV34
Reid St, (Ruther.) G73	66	BX37
Reidvale St, G31	37	BV31
Renfield La, G2	14	BR30
Renfield St, G2	14	BR30
Renfield St, Renf. PA4	32	AZ25
Renfrew Ct, G2	10	BR29
Renfrew Rd, G51	33	BD29
Renfrew Rd, Pais. PA3	44	AV32
Renfrew Rd, Renf. PA4	32	BC28
Renfrew St, G2	10	BR29
Renfrew St, G3	9	BQ28
Renfrew St, Coat. ML5	57	CS33
Rennies Pl, (Inch.) Renf. PA4	16	AS22
Renshaw Dr, G52	47	BD31
Renton St, G4	10	BS28
Resipol Rd, (Stepps) G33	26	CG24
Reston Dr, G52	47	BD31
Reuther Av, (Ruther.) G73	66	BX38
Revoch Dr, G13	18	BC22
Rhannan Rd, G44	78	BQ40
Rhannan Ter, G44	78	BQ40
Rhindhouse Pl, (Baill.) G69	56	CM32
Rhindhouse Rd, (Baill.) G69	56	CM32
Rhindmuir Av, (Baill.) G69	56	CL32
Rhindmuir Ct, (Baill.) G69	56	CL31
Rhindmuir Cres, (Baill.) G69	56	CM31
Rhindmuir Dr, (Baill.) G69	56	CL31
Rhindmuir Gdns, (Baill.) G69	56	CL31
Rhindmuir Gro, (Baill.) G69	56	CM31
Rhindmuir Path, (Baill.) G69	56	CM31
Rhindmuir Pl, (Baill.) G69	56	CM31
Rhindmuir Rd, (Baill.) G69	56	CL31
Rhindmuir Vw, (Baill.) G69	56	CM31
Rhindmuir Wynd, (Baill.) G69	56	CM31
Rhinds St, Coat. ML5	57	CR33
Rhinsdale Cres, (Baill.) G69	56	CL32
Rhymer St, G21	11	BU28
Rhymie Rd, G32	54	CF34
Rhynie Dr, G51	48	BK32
Riccarton St, G42	86	BS35
Riccartsbar Av, Pais. PA2	44	AS34
Richard St, Renf. PA4	32	AZ25
Richmond Ct, (Ruther.) G73	66	BY37
Richmond Dr, (Camb.) G72	81	CA40
Richmond Dr, (Ruther.) G73	66	BY38
Richmond Gdns, (Chry.) G69	27	CK20
Richmond Gro, (Ruther.) G73	66	BY38
Richmond Pl, (Ruther.) G73	66	BY37
Richmond St, G1	15	BT30
Richmond St, Clyde. G81	17	AY20
Riddon Av, G13	18	BA21
Riddon Av, Clyde. G81	18	BA21
Riddon Pl, G13	18	BA21
Riddrie Cres, G33	39	CA29
Riddrie Knowes, G33	39	CA29
Riddrievale Ct, G33	39	CA28
Riddrievale St, G33	39	CA28
Rigby St, G32	53	CA31
Rigg Pl, G33	55	CG30
Riggside Rd, G33	40	CE27
Riglands Way, Renf. PA4	31	AY25
Riglaw Pl, G13	18	BC22
Rigmuir Rd, G51	47	BE30
Rimsdale St, G40	52	BW32
Ripon Dr, G12	20	BJ23
Risk St, G40	15	BU32
Ritchie St, G5	50	BQ33
Riverbank St, G43	63	BL38
River Dr, (Inch.) Renf. PA4	16	AS24
Riverford Rd, G43	63	BL38
Riverford Rd, (Ruther.) G73	66	BY36
River Rd, G32	68	CE37
Riversdale La, G14	33	BC25
Riverside Ct, G44	78	BP43
Riverside Ind Est, Clyde. G81	17	AW20
Riverside Pk, G44	78	BQ42
Riverside Pl, (Camb.) G72	68	CG39
Riverside Rd, G43	63	BN38
Riverview Dr, G5	13	BQ31
Riverview Gdns, G5	13	BQ31
Riverview Pl, G5	13	BQ31
Robert Dr, G51	34	BJ29
Roberton Av, G41	63	BL35
Robertson Av, Renf. PA4	31	AX26
Robertson Cl, Renf. PA4	31	AX26
Robertson La, G2	13	BQ30
Robertson St, G2	14	BR30
Robertson St, (Barr.) G78	43	AX42
Robert St, G51	34	BJ29
Robert Templeton Dr, (Camb.) G72	82	CD40
Robin Way, G32	68	CE37
Robroyston Av, G33	24	CA26
Robroyston Dr, G33	39	CA25
Robroyston Rd, G33	25	CA23
Robroyston Rd, (Bishop.) G64	25	CB20
Robslee Cres, (Giff.) G46	76	BJ42
Robslee Dr, (Giff.) G46	76	BK42
Robslee Rd, (Thornlie.) G46	76	BJ43
Robson Gro, G42	50	BR34
Rockall Dr, G44	78	BS41
Rockbank Pl, G40	52	BW32
Rockbank St, G40	52	BW32
Rockcliffe St, G40	51	BV34
Rockfield Pl, G21	24	BY24
Rockfield Rd, G21	24	BY24
Rockmount Av, (Thornlie.) G46	76	BJ41
Rockmount Av, (Barr.) G78	74	AZ44
Rock St, G4	36	BR26
Rockwell Av, Pais. PA2	58	AS37
Rodger Dr, (Ruther.) G73	66	BW39
Rodger Pl, (Ruther.) G73	66	BW39
Rodil Av, G44	78	BS41
Rodney St, G4	10	BR27
Roebuck Dr, (Barr.) G78	73	AY44
Roebuck St, G31	38	BX29
Roffey Pk Rd, Pais. PA1	46	AZ32
Rogart St, G40	51	BV32
Rogerfield Rd, (Baill.) G69	56	CL30
Roman Av, G15	18	BC20
Roman Way, (Udd.) G71	71	CS39
Romney Av, G44	78	BS40
Ronaldsay St, G22	23	BS22
Rona St, G21	38	BX27
Rona Ter, (Camb.) G72	81	CB42
Ronay St, G22	23	BT21
Rooksdell Av, Pais. PA2	58	AS36
Rosebank Av, (Blan.) G72	84	CN44
Rosebank Dr, (Udd.) G71	71	CS38
Rosebank Dr, (Camb.) G72	82	CE41
Rosebank Pl, (Udd.) G71	69	CK35
Rosebank Ter, (Baill.) G69	57	CP33
Roseberry St, G5	51	BU34
Rosedale Dr, (Baill.) G69	55	CJ33
Rosedale Gdns, G20	21	BL21
Rosefield Gdns, (Udd.) G71	70	CN38
Rose Knowe Rd, G42	65	BT36
Roselea Gdns, G13	20	BH22
Roselea Pl, (Blan.) G72	84	CL44
Rosemont Cres, G21	37	BV29
Rosemount Meadows, (Both.) G71	84	CP43
Rosemount St, G21	37	BV28
Roseness Pl, G33	39	CC29
Rosepark Av, (Udd.) G71	71	CS39
Rose St, G3	10	BR29
Rosevale St, G11	34	BJ27
Rosewood Dr, G13	20	BG22
Roslea Dr, G31	52	BW30
Roslin Twr, (Camb.) G72	81	CA42
Roslyn Dr, (Baill.) G69	56	CP32
Rosneath St, G51	34	BJ29
Ross Av, Renf. PA4	31	AW28
Ross Dr, (Udd.) G71	71	CS36
Rossdale Ct, G43	63	BL37
Rossdale Rd, G41	63	BL37
Rossdale Rd, G43	63	BL37
Rosshall Av, Pais. PA1	45	AY33
Ross Hall Pl, Renf. PA4	32	AZ26
Rosshill Av, G52	46	BB32
Rosshill Rd, G52	46	BB32
Rossie Cres, (Bishop.) G64	24	BY21
Rosslea Dr, (Giff.) G46	77	BL43
Rosslyn Av, (Ruther.) G73	66	BY38
Rosslyn Ter, G12	35	BL25
Ross Pl, (Ruther.) G73	81	BZ41
Ross St, G40	15	BT31
Ross St, Pais. PA1	45	AV34
Rostan Rd, G43	77	BL40
Rosyth Rd, G5	65	BU35
Rosyth St, G5	65	BU35
Rotherwick Dr, Pais. PA1	46	BA33
Rotherwood Av, G13	19	BE20
Rotherwood Pl, G13	20	BG21
Rothes Dr, G23	20	BM20
Rottenrow, G4	11	BT29
Rottenrow E, G4	15	BT30
Roukenburn St, (Thornlie.) G46	56	BG41
Rouken Glen Pk, (Thornlie.) G46	76	BH44
Rouken Glen Rd, (Thornlie.) G46	76	BH43
Roundknowe Rd, (Udd.) G71	70	CL36
Rowallan Gdns, G11	34	BJ26

Rowallan La, G11	34	BH26
Rowallan La E, G11	34	BJ26
Rowallan Rd, (Thornlie.) G46	76	BH43
Rowallan Ter, G33	40	CD25
Rowan Av, Renf. PA4	31	AY25
Rowan Ct, Pais. PA2	58	AU35
Rowandale Av, (Baill.) G69	55	CJ33
Rowand Av, (Giff.) G46	77	BL43
Rowan Gdns, G41	48	BK33
Rowan Gate, Pais. PA2	58	AV35
Rowanlea Dr, (Giff.) G46	77	BM43
Rowanpark Dr, (Barr.) G78	73	AW40
Rowan Pl, (Camb.) G72	68	CE39
Rowan Rd, G41	48	BK33
Rowans Gdns, (Both.) G71	85	CR41
Rowan St, Pais. PA2	58	AU35
Rowantree Av, (Udd.) G71	71	CS38
Rowantree Av, (Ruther.) G73	80	BX40
Rowantree Gdns, (Ruther.) G73	80	BX40
Rowchester St, G40	52	BW32
Rowena Av, G13	19	BF20
Roxburgh St, G12	35	BM26
Royal Cres, G3	8	BN29
Royal Ex Sq, G1	14	BS30
Royal Gdns, (Both.) G71	84	CN43
Royal Ter, G3	8	BN28
Royal Ter La, G3	8	BN28
Roystonhill, G21	37	BV28
Royston Rd, G21	11	BU28
Royston Rd, G33	39	CA26
Royston Sq, G21	11	BU28
Roy St, G21	37	BT26
Ruby St, G40	52	BW33
Ruchazie Pl, G33	39	CB29
Ruchazie Rd, G32	53	CB30
Ruchazie Rd, G33	53	CB30
Ruchill St, G20	21	BN24
Ruel St, G44	52	BR34
Rufflees Av, (Barr.) G78	74	AZ41
Rugby Av, G13	19	BD21
Rullion Pl, G33	39	CB29
Rumford St, G40	51	BV34
Rupert St, G4	9	BP27
Rushyhill St, G21	38	BW25
Ruskin La, G12	35	BN26
Ruskin Sq, (Bishop.) G64	24	BW20
Ruskin Ter, G12	35	BN26
Ruskin Ter, (Ruther.) G73	66	BX37
Russell Cres, (Baill.) G69	44	AT30
Russell St, Pais. PA3	44	AU31
Rutherglen Br, G40	51	BV34
Rutherglen Br, G42	51	BV34
Rutherglen Ind Est, (Ruther.) G73	66	BW36
Rutherglen Rd, G5	51	BT34
Rutherglen Rd, (Ruther.) G73	51	BT34
Ruthven Av, (Giff.) G46	77	BM44
Ruthven La, G12	35	BM26
Ruthven La, (Glenb.) Coat. ML5	29	CS23
Ruthven Pl, (Bishop.) G64	24	BY21
Ruthven St, G12	35	BM26
Rutland Cres, G51	12	BN31
Rutland Pl, G51	12	BN31
Ryan Rd, (Bishop.) G64	24	BX20
Ryan Way, (Ruther.) G73	80	BY42
Ryebank Rd, G21	24	BY24
Rye Cres, G21	24	BX24
Ryecroft Dr, (Baill.) G69	55	CK32
Ryefield Rd, G21	24	BX24
Ryehill Pl, G21	24	BY24
Ryehill Rd, G21	24	BY24
Ryemount Rd, G21	24	BY24
Rye Rd, G21	24	BX24
Ryeside Rd, G21	24	BX24
Rylands Dr, G32	54	CF33
Rylands Gdns, G32	54	CG33
Rylees Cres, G52	46	BA31
Rylees Pl, G52	46	BA31
Rylees Rd, G52	46	BA31
Ryvra Rd, G13	19	BF23

S

Sackville Av, G13	20	BH24
Sackville La, G13	20	BH24
St. Andrew's Av, (Both.) G71	85	CQ44
St. Andrews Cres, G41	49	BN33
St. Andrews Cres, Pais. PA3	30	AS28
St. Andrews Cross, G41	50	BQ34
St. Andrews Dr, G41	49	BN33
St. Andrews Dr, (Abbots.) Pais. PA3	30	AT29
St. Andrews Dr W, (Abbots.) Pais. PA3	30	AT29
St. Andrews Rd, G41	50	BP33
St. Andrews Rd, Renf. PA4	31	AY26
St. Andrews Sq, G1	15	BT31
St. Andrews St, G1	15	BT31
St. Annes Wynd, Ersk. PA8	16	AS21
St. Anns Dr, (Giff.) G46	77	BL43
St. Blanes Dr, (Ruther.) G73	65	BU39
St. Brides Av, (Udd.) G71	71	CS38
St. Brides Rd, G43	63	BM39
St. Brides Way, (Both.) G71	85	CQ41
St. Catherines Rd, (Giff.) G46	77	BL43
St. Clair Av, (Giff.) G46	77	BL42
St. Cyrus Gdns, (Bishop.) G64	24	BY20
St. Cyrus Rd, (Bishop.) G64	24	BY20
St. Enoch Av, (Udd.) G71	71	CS37
St. Enoch Shop Cen, G1	14	BS31
St. Enoch Sq, G1	14	BR31
St. Fillans Dr, G33	26	CE24
St. Georges Rd, G3	9	BQ27
St. James Rd, G4	11	BT29
St. James St, Pais. PA3	44	AU32
St. John's Ct, G41	49	BN33
St. John's Quad, G41	49	BN34
St. John's Rd, G41	49	BN33
St. Joseph's Ct, G21	37	BV28
St. Joseph's Pl, G21	37	BV28
St. Joseph's Vw, G21	37	BV28
St. Kenneth Dr, G51	33	BF29
St. Kilda Dr, G14	34	BG25
St. Leonards Dr, (Giff.) G46	77	BL42
St. Luke's Pl, G5	14	BS32
St. Luke's Ter, G5	14	BS32
St. Mark Gdns, G32	53	CB32
St. Mark St, G32	53	CA32
St. Marnock St, G40	52	BW32
St. Mary's Cres, (Barr.) G78	73	AY43
St. Michael's La, G31	52	BY32
St. Mirren St, Pais. PA1	44	AU32
St. Monance St, G21	23	BV24
St. Mungo Av, G4	10	BS29
St. Mungo Pl, G4	11	BT29
St. Mungo St, (Bishop.) G64	23	BV21
St. Ninians Cres, Pais. PA2	59	AV35
St. Ninians Rd, Pais. PA2	59	AV35
St. Peters La, G2	13	BQ30

St. Peters St, G4	9	BQ27
St. Rollox Brae, G21	11	BU27
St. Ronans Dr, G41	63	BM36
St. Ronans Dr, (Ruther.) G73	66	BY39
St. Stephens Av, (Ruther.) G73	80	BZ42
St. Stephens Cres, (Ruther.) G73	81	CA37
St. Vincent Cres, G3	8	BM29
St. Vincent Cres La, G3	8	BM29
St. Vincent La, G2	9	BQ29
St. Vincent Pl, G1	14	BS30
St. Vincent St, G2	9	BQ29
St. Vincent St, G3	8	BP29
St. Vincent St, G3	9	BP29
St. Vincent Ter, G3	9	BP29
Salamanca St, G31	52	BZ32
Salen St, G52	47	BG32
Salisbury St, G5	50	BR33
Salkeld St, G5	50	BR33
Salmona St, G22	36	BR25
Saltaire Av, (Udd.) G71	85	CQ40
Salterland Rd, G53	74	BA40
Salterland Rd, (Barr.) G78	74	BA40
Saltmarket, G1	14	BS31
Saltoun La, G12	35	BM26
Saltoun St, G12	35	BL26
Salvia St, (Camb.) G72	67	CB39
Sandaig Rd, G33	55	CG31
Sanda St, G20	35	BN25
Sandbank Av, G20	21	BM22
Sandbank Cres, G20	21	BM23
Sandbank Dr, G20	21	BM22
Sandbank St, G20	21	BM23
Sandbank Ter, G20	21	BM22
Sandend Rd, G53	60	BC38
Sanderling Rd, Pais. PA3	30	AT29
Sandfield St, G20	21	BN24
Sandgate Av, G32	54	CF34
Sandhaven Rd, G53	60	BC38
Sandholes St, Pais. PA1	44	AS33
Sandholm Pl, G14	18	BB24
Sandholm Ter, G14	18	BB24
Sandiefield Rd, G5	50	BS33
Sandielands Av, Ersk. PA8	16	AT22
Sandilands St, G32	54	CD32
Sandmill St, G21	38	BW28
Sandwood Cres, G52	46	BC32
Sandwood Rd, G52	46	BC33
Sandyfaulds Sq, G5	51	BS33
Sandyfaulds St, G5	51	BT33
Sandyford Pl La, G3	8	BN29
Sandyford Rd, Pais. PA3	31	AV29
Sandyford St, G3	35	BL29
Sandyhills Cres, G32	54	CD34
Sandyhills Dr, G32	54	CD34
Sandyhills Gro, G32	68	CE35
Sandyhills Pl, G32	54	CD34
Sandyhills Rd, G32	54	CD34
Sandy Rd, G11	34	BJ28
Sandy Rd, Renf. PA4	31	AY28
Sannox Gdns, G31	38	BX29
Sanquhar Dr, G53	60	BC37
Sanquhar Gdns, G53	60	BC37
Sanquhar Gdns, (Blan.) G72	83	CK43
Sanquhar Pl, G53	60	BC37
Sanquhar Rd, G53	60	BC37
Saracen St, G22	36	BS26
Sardinia La, G12	35	BM26
Saucel St, Pais. PA2	44	AU33
Saucelhill Ter, Pais. PA2	44	AU34
Sauchiehall La, G2	9	BQ29
Sauchiehall St, G2	9	BQ29
Sauchiehall St, G3	8	BM28
Saughs Av, G33	25	CB23

Saughs Dr, G33	25	CB23
Saughs Gate, G33	25	CB23
Saughs Pl, G33	25	CB23
Saughs Rd, G33	25	CA24
Saughton St, G32	53	CA30
Savoy St, M1	51	BV33
Sawmillfield St, G4	19	BR27
Saxon Rd, G13	19	BF22
Scalpay Pas, G22	23	BT22
Scalpay Pl, G22	23	BT22
Scalpay St, G22	23	BS22
Scapa St, G23	21	BN21
Scaraway Dr, G22	23	BT21
Scaraway Pl, G22	23	BT21
Scaraway St, G22	23	BS21
Scaraway Ter, G22	23	BT21
Scarba Dr, G43	76	BK40
Scarrel Dr, G45	80	BW41
Scarrel Gdns, G45	80	BW41
Scarrel Rd, G45	80	BW41
Scarrel Ter, G45	80	BW41
Schaw Rd, Pais. PA3	45	AW31
School Av, (Camb.) G72	82	CD40
School Rd, (Stepps) G33	26	CG23
School Rd, Pais. PA1	46	BA32
School Wynd, Pais. PA1	44	AU32
Scioncroft Av, (Ruther.) G73	66	BY38
Scone St, G21	37	BS26
Scone Wk, (Baill.) G69	55	CJ34
Sconser St, G23	21	BN20
Scotland St, G5	13	BP32
Scotland St W, G41	12	BN32
Scotsburn Rd, G21	38	BY25
Scotstoun St, G14	33	BE26
Scott Rd, G52	32	BB29
Scotts Rd, Pais. PA2	45	AY34
Scott St, G3	9	BQ29
Scott St, (Baill.) G69	55	CK33
Seafield Dr, (Ruther.) G73	80	BZ42
Seaforth Cres, (Barr.) G78	73	AX40
Seaforth La, G52	46	BC30
Seaforth Rd, Clyde. G81	17	AX20
Seaforth Rd N, G52	46	BC30
Seaforth Rd S, G52	46	BC30
Seagrove St, G32	53	BZ31
Seamill St, G53	74	BB40
Seamore St, G20	9	BP27
Seath Rd, (Ruther.) G73	66	BW36
Seath St, G42	64	BS35
Seaward La, G41	13	BN31
Seaward Pl, G41	49	BN33
Seaward St, G41	13	BP32
Second Av, (Millerston) G33	26	CD24
Second Av, G44	64	BR39
Second Av, (Kirk.) G66	26	CE20
Second Av, (Udd.) G71	70	CN36
Second Av, Renf. PA4	31	AY27
Second Gdns, G41	48	BJ33
Second St, (Udd.) G71	70	CP37
Seedhill, Pais. PA1	44	AV33
Seedhill Rd, Pais. PA1	44	AV33
Seggielea Rd, G13	19	BF23
Seil Dr, G44	78	BR41
Selborne Pl La, G13	20	BG24
Selborne Pl, G13	20	BG24
Selborne Rd, G13	20	BG24
Selkirk Av, G52	47	BE33
Selkirk Dr, (Ruther.) G73	80	BY38
Selvieland Rd, G52	46	BB32
Seton Ter, G31	51	BV30
Seventh Av, (Udd.) G71	70	CP37
Seyton Av, (Giff.) G46	77	BL44
Shaftesbury St, G3	9	BP29
Shafton Pl, G13	20	BG21
Shafton Rd, G13	20	BG21
Shakespeare St, G20	21	BN24
Shamrock St, G4	9	BQ28
Shandwick St, G34	41	CJ29
Shanks Av, (Barr.) G78	73	AY40
Shanks Ind Pk, (Barr.) G78	73	AY40
Shanks St, G20	21	BN24
Shannon St, G20	22	BP24
Shapinsay St, G22	23	BT21
Sharp Av, Coat. ML5	57	CS33
Shawbridge St, G43	63	BK38
Shawfield Dr, G5	65	BU35
Shawfield Ind Est, (Ruther.) G73	65	BV35
Shawfield Rd, G5	51	BV34
Shawhill Rd, G41	63	BL37
Shawhill Rd, G43	63	BL37
Shawholm Cres, G43	63	BK38
Shawlands Arc, G41	63	BN37
Shawlands Sq, G41	63	BM37
Shawmoss Rd, G41	63	BL36
Shawpark St, G20	21	BN23
Shaw St, G51	34	BJ29
Sheddens Pl, G32	53	CB32
Sheepburn Rd, (Udd.) G71	70	CN38
Sheila St, G33	39	CA25
Shelley Ct, G12	20	BJ24
Shelley Dr, (Both.) G71	85	CR42
Shelley Rd, G12	20	BH24
Sherbrooke Av, G41	49	BL34
Sherbrooke Dr, G41	48	BL33
Sherbrooke Gdns, G41	49	BL34
Sherburn Gdns, (Baill.) G69	55	CH33
Sheriff Pk Av, (Ruther.) G73	66	BW38
Sherry Hts, (Camb.) G72	67	CC39
Sherwood Av, (Udd.) G71	85	CQ40
Sherwood Av, Pais. PA1	45	AW31
Sherwood Dr, (Thornlie.) G46	76	BJ42
Shetland Dr, G44	78	BR41
Shettleston Rd, G31	52	BY31
Shettleston Rd, G32	53	CC32
Shettleston Sheddings, G32	53	CA32
Shiel Ct, (Barr.) G78	73	AX40
Shieldaig Dr, (Ruther.) G73	80	BX41
Shieldaig Rd, G22	22	BR21
Shieldhall Gdns, G51	47	BE30
Shieldhall Rd, G51	33	BD29
Shields Rd, G41	13	BP32
Shiel Rd, (Bishop.) G64	24	BX20
Shilford Av, G13	18	BC22
Shillay St, G22	23	BU21
Shilton Dr, G53	75	BE40
Shinwell Av, Clyde. G81	18	AZ20
Shiskine Dr, G20	21	BL22
Shiskine Pl, G20	21	BL21
Shiskine St, G20	21	BL21
Shore St, G40	65	BV35
Shortridge St, G20	21	BN24
Shortroods Av, Pais. PA3	44	AT30
Shortroods Cres, Pais. PA3	44	AT30
Shortroods Rd, Pais. PA3	44	AT30
Shotts St, G33	40	CF29
Showcase Leisure Pk, (Baill.) G69	57	CR33
Shuna Pl, G20	21	BN24
Shuna St, G20	21	BN23
Shuttle St, G1	15	BT30
Shuttle St, Pais. PA1	44	AU33
Sidland Rd, G21	38	BY24
Sielga Pl, G34	41	CJ29
Siemens Pl, G21	38	BX27
Siemens St, G21	38	BX27
Silkin Av, Clyde. G81	18	AZ20
Silk St, Pais. PA1	44	AV32
Silver Birch Dr, G51	47	BF30
Silver Birch Gdns, G51	47	BF30
Silverburn St, G33	39	CA29
Silverdale St, G31	52	BY33
Silverfir Pl, G5	51	BT34
Silverfir St, G5	51	BT34
Silvergrove St, G40	15	BU32
Silverwells, (Both.) G71	85	CR44
Silverwells Ct, (Both.) G71	85	CQ44
Silverwells Cres, (Both.) G71	85	CQ44
Simons Cres, Renf. PA4	18	AZ24
Simpson Ct, (Udd.) G71	71	CP39
Simpson Gdns, (Barr.) G78	73	AX43
Simpson St, G20	36	BP26
Simshill Rd, G44	78	BR42
Sinclair Dr, G42	64	BP38
Sinclair Gdns, (Bishop.) G64	24	BW21
Sinclair St, Clyde. G81	18	AZ21
Sir Michael Pl, Pais. PA1	44	AT33
Sixth Av, Renf. PA4	31	AY28
Sixth St, (Udd.) G71	70	CN36
Skaethorn Rd, G20	21	BK22
Skaterigg Dr, G13	20	BH24
Skaterigg Gdns, G13	20	BH24
Skaterig La, G13	20	BG24
Skelbo Pl, G34	42	CM28
Skene Rd, G51	48	BK32
Skerray Quad, G22	22	BS21
Skerray St, G22	22	BS21
Skerryvore Pl, G33	40	CD29
Skerryvore Rd, G33	40	CD29
Skibo Dr, (Thornlie.) G46	76	BG42
Skibo La, (Thornlie.) G46	76	BG42
Skipness Dr, G51	34	BG29
Skirsa Pl, G23	22	BP22
Skirsa Sq, G23	22	BQ22
Skirsa St, G23	22	BP22
Skirving St, G41	63	BN37
Skye Av, Renf. PA4	31	AY28
Skye Cres, Pais. PA2	58	AT38
Skye Rd, (Ruther.) G73	80	BZ42
Slakiewood Av, (Gart.) G69	28	CN22
Slatefield St, G31	52	BW31
Slenavon Av, (Ruther.) G73	81	BZ42
Sloy St, G22	37	BT25
Smeaton Gro, G20	22	BP23
Smeaton St, G20	22	BP23
Smithhills St, Pais. PA1	44	AU32
Smiths La, Pais. PA3	44	AU31
Smith St, G14	34	BG27
Smith Ter, (Ruther.) G73	66	BX36
Smithycroft Rd, G33	39	CA28
Snaefell Av, (Ruther.) G73	80	BY41
Snaefell Cres, (Ruther.) G73	80	BY40
Snuff Mill Rd, G44	78	BR40
Society St, G31	52	BX32
Sollas Pl, G13	18	BA21
Solway Dr, (Chry.) G69	28	CM20
Solway St, G40	65	BV35
Somerford Rd, (Bears.) G61	20	BH20
Somerled Av, Pais. PA3	31	AV28
Somerset Pl, G3	9	BP28
Somerset Pl Ms, G3	9	BP28
Somervell St, (Camb.) G72	67	CB39
Somerville Dr, G42	64	BR37
Sorby St, G31	52	BZ32
Sorn St, G40	52	BX34
Southampton Dr, G12	20	BK23
Southampton La, G12	20	BK23
South Annandale St, G42	64	BR35
South Av, Pais. PA2	58	AV37
South Av, Renf. PA4	32	AZ26

Name		
Southbank St, G31	52	BZ32
South Bk St, Clyde. G81	17	AY22
Southbar Av, G13	18	BC22
Southbrae Dr, G13	19	BE24
South Campbell St, Pais. PA2	44	AU34
South Chester St, G32	53	CC32
Southcroft Rd, (Ruther.) G73	65	BU36
Southcroft St, G51	49	BK30
South Crosshill Rd, (Bishop.) G64	24	BW20
South Dean Pk Av, (Both.) G71	69	CQ43
South Douglas St, Clyde. G81	17	AY21
South Elgin Pl, Clyde. G81	17	AY22
South Elgin St, Clyde. G81	17	AY22
Southern Av, (Ruther.) G73	80	BX40
Southfield Av, Pais. PA2	58	AU37
Southfield Cres, G53	61	BE37
South Frederick St, G1	14	BS30
Southhill Av, (Ruther.) G73	80	BY40
Southinch Av, G14	18	BA23
Southinch La, G14	18	BA23
Southlea Av, (Thornlie.) G46	76	BJ42
South Ln, (Chry.) G69	28	CN21
Southloch Gdns, G21	37	BV26
Southloch St, G21	37	BV26
South Medrox St, (Glenb.) Coat. ML5	29	CS22
Southmuir Pl, G20	21	BM24
South Nitshill Ind Est, G53	74	BC40
Southpark Av, G12	8	BM27
South Pk Av, (Barr.) G78	73	AX42
South Pk Dr, Pais. PA2	44	AU35
Southpark La, G12	8	BN27
South Portland St, G5	14	BR32
South Scott St, (Baill.) G69	55	CK33
Southside Cres, G5	50	BR33
South St, G11	33	BF27
South St, G14	33	BF27
South Vw, (Blan.) G72	84	CL44
Southview Pl, (Gart.) G69	28	CN23
Southview Ter, (Bishop.) G64	23	BV22
Southwold Rd, Pais. PA1	46	BA32
Southwood Dr, G44	79	BS40
South Woodside Rd, G4	8	BN27
South Woodside Rd, G20	8	BP26
Soutra Pl, G33	40	CD29
Spean St, G44	64	BQ39
Speirsfield Ct, Pais. PA2	44	AT34
Speirsfield Gdns, Pais. PA2	44	AU34
Speirshall Cl, G14	18	BB23
Speirshall Ter, G14	18	BA23
Spencer St, G13	20	BH22
Spence St, G20	21	BL21
Spey Dr, Renf. PA4	32	BA27
Spey St, G33	39	CB29
Spiersbridge Av, (Thornlie.) G46	76	BH42
Spiersbridge La, (Thornlie.) G46	76	BG42
Spiersbridge Rd, (Thornlie.) G46	76	BH42
Spiersbridge Ter, (Thornlie.) G46	76	BG42
Spiersbridge Toll, (Thornlie.) G46	76	BH43
Spiers Gro, (Thornlie.) G46	76	BH42
Spiers Wf, G4	10	BR27
Spindlehowe Rd, (Udd.) G71	71	CP39
Spittal Rd, (Ruther.) G73	79	BV41
Spittal Ter, (Camb.) G72	83	CJ43
Spoolers Rd, Pais. PA1	44	AS34
Springbank Rd, Pais. PA3	44	AT30
Springbank St, G20	36	BP25
Springbank Ter, Pais. PA3	44	AT30
Springboig Av, G32	54	CE31
Springboig Rd, G32	54	CE30
Springburn Rd, G21	11	BU27
Springburn Rd, (Bishop.) G64	23	BU24
Springburn Shop Cen, G21	37	BV25
Springburn Way, G21	37	BU25
Springcroft Av, (Baill.) G69	55	CK31
Springcroft Cres, (Baill.) G69	55	CK31
Springcroft Dr, (Baill.) G69	55	CJ31
Springcroft Gdns, (Baill.) G69	56	CL31
Springcroft Gro, (Baill.) G69	55	CK31
Springcroft Rd, (Baill.) G69	55	CK31
Springcroft Wynd, (Baill.) G69	55	CK31
Springfield Av, (Bishop.) G64	24	BW21
Springfield Av, (Udd.) G71	85	CP40
Springfield Av, Pais. PA1	45	AX33
Springfield Ct, G1	14	BS30
Springfield Cres, (Bishop.) G64	24	BW21
Springfield Cres, (Udd.) G71	84	CP40
Springfield Dr, (Barr.) G78	74	BA44
Springfield Pk Rd, (Ruther.) G73	66	BY39
Springfield Quay, G5	13	BP31
Springfield Rd, G31	52	BY33
Springfield Rd, G40	52	BX34
Springfield Rd, (Bishop.) G64	24	BW20
Springfield Sq, (Bishop.) G64	24	BW21
Springhill Av, Coat. ML5	57	CS33
Springhill Dr N, (Baill.) G69	55	CJ30
Springhill Dr S, (Baill.) G69	55	CJ30
Springhill Fm Gro, (Baill.) G69	55	CJ31
Springhill Fm Pl, (Baill.) G69	55	CJ31
Springhill Fm Rd, (Baill.) G69	55	CJ31
Springhill Fm Way, (Baill.) G69	55	CJ31
Springhill Gdns, G41	63	BN36
Springhill Pl, Coat. ML5	57	CS33
Springhill Rd, (Baill.) G69	55	CH32
Springhill Rd, (Barr.) G78	73	AX43
Springkell Av, G41	49	BL34
Springkell Dr, G41	63	BK35
Springkell Gdns, G41	63	BL35
Springkell Gate, G41	63	BM35
Springvale Ter, G21	37	BU25
Spruce Dr, (Camb.) G72	83	CH41
Spruce St, G22	23	BT24
Spruce Way, (Camb.) G72	83	CH41
Squire St, G14	33	BF27
Staffa Av, Renf. PA4	31	AY28
Staffa Dr, Pais. PA2	58	AU38
Staffa Rd, (Camb.) G72	81	CB42
Staffa St, G31	38	BX29
Staffa Ter, (Camb.) G72	81	CB42
Staffin Dr, G23	21	BM20
Staffin Path, G23	21	BN20
Staffin St, G23	21	BN20
Stafford St, G4	11	BT28
Stag St, G51	49	BK30
Stair St, G20	36	BP25
Stamford St, G31	52	BX32
Stamford St, G40	52	BX32
Stamperland Gdns, (Clark.) G76	78	BP44
Stanalane St, (Thornlie.) G46	76	BH41
Standburn Rd, G21	24	BY22
Stanely Dr, Pais. PA2	58	AS36
Stanely Rd, Pais. PA2	58	AS36
Stanford St, Clyde. G81	17	AY20
Stanhope St, (Ruther.) G73	80	BZ40
Stanley Pl, (Blan.) G72	84	CM44
Stanley St, G41	12	BN32
Stanley St La, G41	12	BN32
Stanmore Rd, G42	64	BR37
Startpoint St, G33	39	CC29
Station Pk, (Baill.) G69	56	CL33
Station Rd, G20	21	BL21
Station Rd, (Millerston) G33	25	CC24
Station Rd, (Stepps) G33	26	CF24
Station Rd, (Baill.) G69	56	CL33
Station Rd, (Muir.) G69	28	CL23
Station Rd, (Both.) G71	85	CQ43
Station Rd, (Udd.) G71	70	CN39
Station Rd, (Blan.) G72	84	CN44
Station Rd, Renf. PA4	32	AZ25
Station Way, (Udd.) G71	71	CP39
Staybrae Dr, G53	60	BB36
Staybrae Gro, G53	60	BB36
Steel St, G1	15	BT31
Stenhouse Av, (Muir.) G69	28	CL21
Stenton St, G32	53	CA30
Stepford Pl, G33	55	CH30
Stepford Rd, G33	55	CH30
Stephen Cres, (Baill.) G69	55	CH32
Stephenson St, G52	32	BA29
Steppshill Ter, G33	26	CE24
Stepps Rd, G33	40	CE28
Stevenson St, G40	15	BU31
Stevenson St, Pais. PA2	44	AU34
Stewart Av, Renf. PA4	31	AX28
Stewart Ct, (Ruther.) G73	66	BY38
Stewart Cres, (Barr.) G78	74	AZ41
Stewart Dr, (Baill.) G69	57	CR31
Stewarton Dr, (Camb.) G72	81	CA40
Stewarton Rd, (Thornlie.) G46	76	BG43
Stewart Pl, (Barr.) G78	74	AZ41
Stewart Rd, Pais. PA2	58	AV37
Stewart St, G4	10	BR28
Stewart St, (Barr.) G78	74	AZ41
Stewartville St, G11	35	BK27
Stirling Dr, (Ruther.) G73	80	BX40
Stirlingfauld Pl, G5	14	BR32
Stirling Rd, G4	11	BT29
Stirrat St, G20	21	BL23
Stobcross Rd, G3	8	BM29
Stobcross St, G3	13	BP30
Stobcross Wynd, G3	35	BL29
Stobhill Rd, G21	23	BV22
Stobs Dr, (Barr.) G78	73	AX40
Stobs Pl, G34	42	CL28
Stock Av, Pais. PA2	44	AU34
Stockholm Cres, Pais. PA2	44	AU34
Stock St, Pais. PA2	44	AU34
Stockwell Pl, G1	14	BS31
Stockwell St, G1	14	BS31

Stonebank Gro, G45	79	BT42
Stonefield Av, G12	21	BN35
Stonefield Av, Pais. PA2	58	AV36
Stonefield Cres, Pais. PA2	58	AV36
Stonefield Dr, Pais. PA2	59	AV36
Stonefield Gdns, Pais. PA2	58	AV36
Stonefield Grn, Pais. PA2	58	AU35
Stonefield Gro, Pais. PA2	58	AU36
Stonefield Pk, Pais. PA2	58	AU37
Stonelaw Dr, (Ruther.) G73	66	BX38
Stonelaw Rd, (Ruther.) G73	66	BX38
Stonelaw Twrs, (Ruther.) G73	66	BY39
Stoneside Dr, G43	62	BJ39
Stoneside Sq, G43	62	BJ39
Stoney Brae, Pais. PA1	44	AU32
Stoney Brae, Pais. PA2	58	AU37
Stonyhurst St, G22	36	BR25
Storie St, Pais. PA1	44	AU33
Stormyland Way, (Barr.) G78	73	AY43
Stornoway St, G22	23	BS21
Stow Brae, Pais. PA1	44	AU33
Stow St, Pais. PA1	44	AU33
Strachur St, G22	22	BQ22
Straiton St, G32	53	CA30
Stranka Av, Pais. PA2	44	AS34
Stratford St, G20	21	BM24
Strathallan Gdns, G13	20	BH21
Strathbran St, G31	52	BZ33
Strathcarron Cres, Pais. PA2	59	AX36
Strathcarron Dr, Pais. PA2	59	AX36
Strathcarron Pl, Pais. PA2	59	AX36
Strathcarron Rd, Pais. PA2	59	AX37
Strathcarron Way, Pais. PA2	59	AX36
Strathclyde Dr, (Ruther.) G73	66	BW38
Strathclyde Path, (Udd.) G71	70	CN39
Strathclyde St, G40	66	BW35
Strath Clyde Vw, (Both.) G71	85	CR44
Strathcona Dr, G13	20	BH22
Strathcona Gdns, G13	20	BJ22
Strathcona St, G13	20	BH22
Strathdee Rd, G44	78	BN43
Strathdon Av, G44	78	BP43
Strathdon Av, Pais. PA2	58	AS35
Strathdon Dr, G44	78	BP43
Strathendrick Dr, G44	78	BN41
Strathmore Av, (Blan.) G72	84	CL44
Strathmore Av, Pais. PA1	46	AZ33
Strathmore Gdns, (Ruther.) G73	81	BZ41
Strathmore Rd, G22	22	BR22
Strathord St, G32	53	CC34
Strathtay Av, G44	78	BP43
Strathview Gro, G44	78	BN43
Strathview Pk, G44	78	BP43
Strathyre St, G41	63	BN37
Stratton Dr, (Giff.) G46	77	BK43
Strauss Av, Clyde. G81	18	BA20
Stravanan Av, G45	79	BU43
Stravanan Ct, G45	79	BU43
Stravanan Gdns, G45	79	BT43
Stravanan Rd, G45	79	BT43
Stravanan St, G45	79	BT43
Stravanan Ter, G45	79	BT43
Streamfield Gdns, G33	25	BZ22
Streamfield Lea, G33	25	BZ22
Streamfield Pl, G33	25	BZ22
Strenaby Av, (Ruther.) G73	80	BZ41
Striven Gdns, G20	36	BP26
Stroma St, G21	38	BX27
Stromness St, G5	50	BQ33
Stronend St, G22	22	BR24
Strone Path, (Glenb.) Coat. ML5	29	CS23
Strone Rd, G33	54	CD30
Stronsay St, G21	38	BX27
Stronvar Dr, G14	33	BD25
Strowan Cres, G32	54	CD33
Strowan St, G32	54	CD33
Struan Av, (Giff.) G46	77	BK42
Struan Gdns, G44	78	BQ40
Struan Rd, G44	78	BQ40
Struie St, G34	41	CJ29
Stuart Dr, (Bishop.) G64	23	BU21
Stuart Av, (Ruther.) G73	80	BX40
Succoth St, G13	20	BH22
Sugworth Av, (Baill.) G69	55	CK32
Suisnish, Ersk. PA8	16	AS22
Sumburgh St, G33	39	CB29
Summerfield Cotts, G14	34	BG27
Summerfield St, G40	66	BX35
Summerlea Rd, (Thornlie.) G46	76	BH41
Summerlee St, G33	40	CE29
Summer St, G40	51	BV32
Summertown Rd, G51	48	BK30
Sunart Av, Renf. PA4	31	AX25
Sunart Gdns, (Bishop.) G64	24	BY20
Sunart Rd, G52	48	BG32
Sunart Rd, (Bishop.) G64	24	BY20
Sunningdale Rd, G23	21	BM21
Sunningdale Wynd, (Both.) G71	84	CN42
Sunnybank St, G40	52	BX34
Sunnylaw St, G22	36	BR25
Sunnyside Av, (Udd.) G71	85	CP40
Sunnyside Dr, G15	19	BC20
Sunnyside Dr, (Baill.) G69	57	CP32
Sunnyside Oval, Pais. PA2	58	AU36
Sunnyside Pl, G15	19	BC20
Sunnyside Pl, (Barr.) G78	73	AX43
Sunnyside Rd, Pais. PA2	58	AT35
Surrey St, G5	50	BR33
Sussex St, G41	12	BN32
Sutcliffe Rd, G13	20	BG22
Sutherland Av, G41	49	BK34
Sutherland Dr, (Giff.) G46	77	BM44
Sutherland La, G12	35	BL27
Sutherland St, Pais. PA1	44	AT32
Sutherness Dr, G33	53	CC30
Swallow Gdns, G13	18	BB22
Swanston St, G40	66	BW35
Sween Av, G44	78	BQ41
Sweethope Gdns, (Both.) G71	85	CR43
Sweethope Pl, (Both.) G71	85	CQ42
Swift Cres, G13	18	BB22
Swinton Av, (Baill.) G69	56	CL32
Swinton Cres, (Baill.) G69	56	CL32
Swinton Cres, Coat. ML5	57	CR33
Swinton Dr, G52	47	BD32
Swinton Path, (Baill.) G69	56	CM32
Swinton Pl, G52	47	BD32
Swinton Rd, (Baill.) G69	56	CL32
Swinton Vw, (Baill.) G69	56	CL32
Swordale Pl, G34	41	CJ29
Sword St, G31	51	BV31
Sycamore Av, (Udd.) G71	71	CS37
Sycamore Way, (Camb.) G72	83	CH41
Sydenham Rd, G12	35	BL26
Sydney St, G31	15	BU31
Sylvania Way S, Clyde. G81	17	AX20
Syriam St, G21	37	BV25

T

Tabard Pl, G13	19	BE21
Tabard Rd, G13	19	BE21
Tabernacle La, (Camb.) G72	81	CC40
Tabernacle St, (Camb.) G72	81	CC40
Tain Pl, G34	42	CM29
Tait Av, (Barr.) G78	74	AZ41
Talbot Ct, G13	19	BD24
Talbot Dr, G13	19	BD24
Talbot Pl, G13	19	BD24
Talbot Ter, (Udd.) G71	70	CN37
Talisman Rd, G13	19	BE23
Talla Rd, G52	47	BD32
Tamarack Cres, (Udd.) G71	71	CS36
Tambowie St, G13	20	BG22
Tamshill St, G20	22	BP23
Tanar Av, Renf. PA4	32	BB28
Tanera Av, G44	79	BS40
Tanfield St, G32	54	CE30
Tankerland Rd, G44	64	BQ39
Tannadice Av, G52	47	BE34
Tanna Dr, G52	48	BH34
Tannahill Rd, G43	64	BP39
Tannochside Business Pk, (Udd.) G71	71	CQ36
Tannochside Dr, (Udd.) G71	71	CQ36
Tannock St, G22	36	BR25
Tantallon Dr, Coat. ML5	43	CS28
Tantallon Rd, G41	63	BN38
Tantallon Rd, (Baill.) G69	55	CJ34
Tanzieknowe Av, (Camb.) G72	82	CD41
Tanzieknowe Dr, (Camb.) G72	82	CD42
Tanzieknowe Pl, (Camb.) G72	82	CD42
Tanzieknowe Rd, (Camb.) G72	82	CD42
Taransay St, G51	34	BJ29
Tarbert Av, (Blan.) G72	84	CL43
Tarbolton Rd, G43	63	BM39
Tarfside Av, G52	47	BE33
Tarfside Gdns, G52	47	BF33
Tarfside Oval, G52	47	BF33
Tarland St, G51	48	BH31
Tarn Gro, G33	25	BZ22
Tarras Dr, Renf. PA4	32	BA28
Tarras Pl, (Camb.) G72	82	CF40
Tassie St, G41	63	BM37
Tattershall Rd, G33	40	CE27
Tavistock Dr, G43	77	BM40
Tay Av, Renf. PA4	32	BA26
Tay Cres, G33	39	CA28
Tay Cres, (Bishop.) G64	24	BX20
Taylor Pl, G4	11	BT29
Taylor St, G4	15	BT30
Taylor St, Clyde. G81	17	AY21
Taymouth St, G32	54	CD34
Taynish Dr, G44	78	BR41
Tay Rd, (Bishop.) G64	24	BX20
Tay St, Coat. ML5	43	CS28
Teal Dr, G13	18	BC22
Tealing Av, G52	47	BE33
Tealing Cres, G52	47	BE33
Teasel Av, G53	75	BD42
Teith Av, Renf. PA4	32	BB27
Teith Pl, (Camb.) G72	82	CF40
Teith St, G33	39	CA28
Telephone La, G12	35	BL26
Templar Av, G13	19	BF21

Temple Gdns, G13	20	BH22
Templeland Av, G53	61	BE35
Templeland Rd, G53	61	BE35
Temple Locks Ct, G13	20	BJ22
Temple Locks Pl, G13	20	BH22
Temple Rd, G13	20	BJ22
Templetons Business Cen, G40	15	BU32
Templeton St, G40	15	BU32
Tennant St, Renf. PA4	32	AZ25
Tennyson Dr, G31	53	CA33
Terrace Pl, (Camb.) G72	82	CG40
Terregles Av, G41	63	BK35
Terregles Cres, G41	63	BK35
Terregles Dr, G41	63	BK35
Teviot Pl, (Camb.) G72	82	CF40
Teviot St, G3	35	BL29
Thane Rd, G13	19	BE23
Thanes Gate, (Udd.) G71	84	CN40
Tharsis St, G21	37	BV28
Third Av, (Millerston) G33	26	CD24
Third Av, G44	64	BR38
Third Av, (Kirk.) G66	26	CF20
Third Av, Renf. PA4	31	AY27
Third Gdns, G41	48	BJ33
Thirdpart Cres, G13	18	BA22
Third St, (Udd.) G71	70	CP37
Thistle Dr, Pais. PA2	58	AX35
Thistle Ter, G5	50	BS33
Thomas Muir Av, (Bishop.) G64	24	BW21
Thomson St, G31	52	BW31
Thomson St, Renf. PA4	31	AY27
Thornbank St, G3	35	BL28
Thornbridge Av, (Baill.) G69	55	CJ31
Thornbridge Gdns, (Baill.) G69	55	CJ32
Thornbridge Rd, (Baill.) G69	55	CJ32
Thorncliffe Gdns, G41	63	BN35
Thorncliffe La, G41	63	BN35
Thorncroft Dr, G44	79	BT41
Thornden La, G14	33	BC25
Thorn Dr, (Ruther.) G73	80	BY41
Thorniewood Gdns, (Udd.) G71	71	CQ38
Thorniewood Rd, (Udd.) G71	71	CP37
Thornlea Dr, (Giff.) G46	77	BM41
Thornley Av, G13	19	BD23
Thornliebank Ind Est, (Thornlie.) G46	76	BG42
Thornliebank Rd, G43	76	BJ40
Thornliebank Rd, (Thornlie.) G46	76	BJ40
Thornly Pk Av, Pais. PA2	58	AV37
Thornly Pk Dr, Pais. PA2	58	AV37
Thornly Pk Gdns, Pais. PA2	58	AU36
Thornly Pk Rd, Pais. PA2	58	AU36
Thornton La, G20	21	BN22
Thornton St, G20	21	BN22
Thorntree Way, (Both.) G71	85	CR42
Thornwood Av, G11	34	BJ27
Thornwood Cres, G11	34	BH26
Thornwood Dr, G11	34	BH27
Thornwood Gdns, G11	34	BJ27
Thornwood Pl, G11	34	BJ26
Thornwood Rd, G11	34	BH27
Thornwood Ter, G11	34	BH27
Thornyburn Dr, (Baill.) G69	56	CM33
Thornyburn Pl, (Baill.) G69	56	CL33
Threestonehill Av, G32	54	CD31
Thrums Av, (Bishop.) G64	24	BY20

Thrums Gdns, (Bishop.) G64	24	BY20
Thrushcraig Cres, Pais. PA2	58	AV35
Thurston Rd, G52	47	BC32
Tianavaig Av, Ersk. PA8	16	AS22
Tibbermore Rd, G11	34	BH26
Tillet Oval, Pais. PA3	44	AT30
Tillie St, G20	36	BP26
Tillycairn Av, G33	40	CF27
Tillycairn Dr, G33	40	CF27
Tillycairn Pl, G33	40	CG27
Tillycairn Rd, G33	40	CG27
Tillycairn St, G33	40	CG27
Tilt St, G33	39	CA27
Tinto Dr, (Barr.) G78	73	AX44
Tinto Gro, (Bishop.) G69	57	CR31
Tinto Rd, G43	77	BL40
Tinto Rd, (Bishop.) G64	24	BY20
Tinwald Path, G52	46	BC32
Tiree Av, Pais. PA2	58	AT38
Tiree Av, Renf. PA4	31	AY29
Tiree St, G21	38	BY27
Tirry Av, Renf. PA4	32	BB27
Titwood Rd, G41	63	BN36
Tiverton Av, G32	54	CF34
Tobago Pl, G40	51	BV32
Tobago St, G40	15	BU32
Tobermory Rd, (Ruther.) G73	80	BZ43
Todburn Dr, Pais. PA2	58	AV37
Todd St, G31	52	BY30
Todholm Cres, Pais. PA2	59	AX35
Todholm Rd, Pais. PA2	59	AX35
Todholm Ter, Pais. PA2	59	AW35
Tollcross Pk Vw, G32	53	CA34
Tollcross Rd, G31	52	BZ32
Tollcross Rd, G32	53	CA33
Tolsta St, G23	21	BN20
Tontine La, G1	15	BT31
Tontine Pl, (Ruther.) G73	81	CA41
Torbreck St, G52	48	BH32
Torburn Av, (Giff.) G46	77	BK41
Torgyle St, G23	21	BM20
Tormore St, G51	47	BF31
Tormusk Dr, G45	80	BW41
Tormusk Gdns, G45	80	BW41
Tormusk Gro, G45	80	BW41
Tormusk Rd, G45	80	BW41
Torness St, G11	35	BL27
Torogay Pl, G22	23	BU21
Torogay St, G22	23	BS21
Torogay Ter, G22	22	BS21
Toronto Wk, G32	68	CE37
Torphin Cres, G32	53	CC30
Torphin Wk, G32	54	CD31
Torrance St, G21	37	BV25
Torran Dr, Ersk. PA8	16	AU22
Torran Rd, G33	55	CH30
Torridon Av, G41	48	BK34
Torrington Cres, G32	54	CF34
Torrin Rd, G23	21	BM20
Torrisdale St, G42	50	BP35
Torr Rd, (Bishop.) G64	24	BZ20
Torr St, G22	37	BS25
Torryburn Rd, G21	38	BY25
Torryglen Rd, (Ruther.) G73	65	BU37
Torryglen St, G5	51	BT34
Toward Ct, (Blan.) G72	84	CN44
Toward Rd, G33	54	CE30
Tower Av, (Barr.) G78	74	AZ41
Tower Cres, Renf. PA4	31	AX27
Tower Dr, Renf. PA4	31	AX27
Towerhill Rd, G13	19	BE20
Towerside Cres, G53	61	BC35
Towerside Rd, G53	61	BC35
Tower St, G41	12	BN32
Tower Ter, Pais. PA1	44	AT33
Towie Pl, (Udd.) G71	71	CP39

Townhead Pl, (Udd.) G71	71	CQ37
Townhead Rd, Coat. ML5	43	CQ28
Townhead Ter, Pais. PA1	44	AT33
Townhill Rd, G31	37	BV29
Townsend St, G4	35	BS28
Tradeston St, G5	13	BQ32
Trafalgar St, G40	51	BV34
Trainard Av, G32	53	CB33
Tranent Pl, G33	39	CA29
Traquair Dr, G52	47	BD33
Treeburn Av, (Giff.) G46	76	BK42
Trees Pk Av, (Barr.) G78	73	AX41
Trefoil Av, G41	63	BM37
Tresta Rd, G23	22	BP21
Trinity Av, G52	47	BE33
Trinity Dr, (Camb.) G72	82	CE42
Trinley Brae, G13	19	BE20
Trinley Rd, G13	19	BE20
Trondra Path, G34	41	CH29
Trondra Pl, G34	55	CH30
Trondra Rd, G34	41	CH29
Trongate, G1	14	BS31
Troon St, G40	52	BX34
Trossachs Rd, (Ruther.) G73	80	BZ43
Trossachs St, G20	36	BQ26
Truce Rd, G13	19	BD21
Tudor La, G14	34	BG26
Tudor Rd, G14	34	BG26
Tudor St, (Baill.) G69	55	CH34
Tullis Ct, G40	51	BU33
Tullis St, G40	51	BU33
Tulloch St, G44	64	BQ39
Tummel St, G33	39	CA27
Tunnel St, G3	12	BN30
Tureen St, G40	15	BU31
Turnberry Av, (Ruther.) G73	79	BV41
Turnberry Rd, G11	34	BJ26
Turnberry Wynd, (Both.) G71	84	CN42
Turnbull St, G1	15	BT31
Turner Rd, G21	51	BT31
Turner Rd, Pais. PA3	31	AV29
Turnlaw Rd, (Camb.) G72	81	CC43
Turnlaw St, G5	51	BT33
Turret Cres, G13	19	BE21
Turret Rd, G13	19	BE21
Turriff St, G5	50	BR33
Tweed Cres, G33	39	BZ28
Tweed Cres, Renf. PA4	32	BA26
Tweedsmuir Rd, G52	47	BD33
Tweedvale Av, G14	18	BA23
Twinlaw St, G34	42	CM28
Tylney Rd, Pais. PA1	46	AZ32
Tyndrum St, G4	35	BS28
Tynecastle Cres, G32	54	CD30
Tynecastle Pl, G32	54	CD30
Tynecastle St, G32	54	CD30
Tyne St, G14	33	BF27
Tynwald Av, (Ruther.) G73	80	BZ41

U

Uddingston Rd, (Both.) G71	85	CP42
Uig Pl, G33	55	CG30
Uist Cres, (Stepps) G33	40	CG25
Uist St, G51	48	BG30
Ulva St, G52	47	BF32
Umachan, Ersk. PA8	16	AS22
Underwood La, Pais. PA1	44	AT32
Underwood Rd, (Ruther.) G73	66	BY39
Underwood Rd, Pais. PA3	44	AS32
Underwood St, G41	63	BN37
Union Ct, Pais. PA2	58	AU35

Union St, G1	14	BR30
Union St, Clyde. G81	17	AY21
Union St, Pais. PA2	58	AU35
Unity Pl, G4	9	BQ27
University Av, G12	8	BM27
University Gdns, G12	8	BM27
University of Glasgow, G12	8	BM27
University Pl, G12	8	BM27
Unsted Pl, Pais. PA1	45	AW33
Uphall Pl, G33	39	CA29
Upland Rd, G14	33	BE25
Upper Bourtree Ct, (Ruther.) G73	80	BY41
Upper Bourtree Dr, (Ruther.) G73	80	BX41
Urquhart Cres, Renf. PA4	31	AY27
Urrdale Rd, G41	49	BK32
V		
Vaila Pl, G23	22	BQ22
Vaila St, G23	22	BP22
Valeview Ter, G42	64	BQ37
Vale Wk, (Bishop.) G64	24	BY21
Vallantine Cres, (Udd.) G71	71	CQ37
Vallay St, G22	23	BT21
Valley Vw, (Camb.) G72	68	CE39
Vancouver Rd, G14	33	BE25
Vanguard Way, Renf. PA4	31	AY28
Varna La, G14	34	BG25
Varna Rd, G14	34	BG25
Vasart Pl, G20	22	BP24
Vennacher Rd, Renf. PA4	31	AW25
Vennard Gdns, G41	63	BN35
Vermont Av, (Ruther.) G73	66	BW38
Vermont St, G41	12	BN32
Verona Av, G14	33	BE25
Verona Gdns, G14	33	BE25
Verona La, G14	33	BE25
Vesalius St, G32	53	CC32
Vicarfield St, G51	48	BK30
Vicarland Pl, (Camb.) G72	81	CC41
Vicarland Rd, (Camb.) G72	81	CC40
Vicars Wk, (Camb.) G72	82	CD40
Victoria Av, (Barr.) G78	73	AX41
Victoria Br, G1	15	BS31
Victoria Br, G5	14	BS31
Victoria Circ, G12	35	BL26
Victoria Cres, (Barr.) G78	73	AX41
Victoria Cres La, G12	35	BL26
Victoria Cres Rd, G12	35	BL26
Victoria Cross, G42	64	BQ35
Victoria Dr, (Barr.) G78	73	AX41
Victoria Dr E, Renf. PA4	31	AY27
Victoria Gdns, Pais. PA2	58	AS35
Victoria Gro, (Barr.) G78	73	AX41
Victoria Pk Cor, G14	33	BF25
Victoria Pk Dr N, G14	33	BF25
Victoria Pk Dr S, G14	33	BF25
Victoria Pk Gdns N, G11	34	BH26
Victoria Pk Gdns S, G11	34	BH26
Victoria Pk La N, G14	33	BF26
Victoria Pk St, G14	33	BF26
Victoria Pl, (Barr.) G78	73	AY41
Victoria Rd, (Stepps) G33	26	CF24
Victoria Rd, G42	64	BQ36
Victoria Rd, (Ruther.) G73	66	BX39
Victoria Rd, (Barr.) G78	73	AX41
Victoria Rd, Pais. PA2	58	AS35
Victoria St, (Ruther.) G73	66	BW37
Victory Way, (Baill.) G69	55	CK33
Viewbank, (Thornlie.) G46	76	BJ42
Viewfield Av, (Bishop.) G64	23	BU21
Viewfield Av, (Baill.) G69	55	CH32
Viewfield Av, (Blan.) G72	84	CN44
Viewfield Dr, (Bishop.) G64	23	BU21
Viewfield Dr, (Baill.) G69	55	CH32
Viewfield La, G12	8	BN27
Viewfield Rd, (Bishop.) G64	23	BU21
Viewfield Rd, Coat. ML5	57	CR33
Viewglen Ct, G45	79	BT44
Viewmount Dr, G20	21	BM22
Viewpark Av, G31	38	BX29
Viewpark Dr, (Ruther.) G73	66	BX39
Viewpark Gdns, Renf. PA4	31	AX27
Viewpoint Pl, G21	23	BV23
Viewpoint Rd, G21	23	BV23
Viking Rd, (Thornlie.) G46	76	BH41
Village Gdns, (Blan.) G72	84	CN44
Village Rd, (Camb.) G72	83	CG40
Vine St, G11	34	BK27
Vinicombe La, G12	35	BM26
Vinicombe St, G12	35	BM26
Vintner St, G4	10	BS27
Violet St, Pais. PA1	45	AW33
Virginia Pl, G1	14	BS30
Virginia St, G1	15	BS30
Viscount Av, Renf. PA4	31	AY28
Viscount Gate, (Both.)	84	CN40
Voil Dr, G44	78	BQ41
W		
Waddell Ct, G5	15	BT32
Waddell St, G5	51	BT33
Waldemar Rd, G13	19	BE22
Waldo St, G13	20	BH22
Walkerburn Rd, G52	47	BD33
Walker Ct, G11	35	BK28
Walker Path, (Udd.) G71	71	CQ37
Walker St, G11	35	BK28
Walker St, Pais. PA1	44	AT33
Walkinshaw Rd, Renf. PA4	30	AS26
Walkinshaw St, G40	52	BW33
Wallace Pl, (Blan.) G72	84	CN44
Wallace Rd, Renf. PA4	31	AW28
Wallace St, G5	13	BQ31
Wallace St, (Ruther.) G73	66	BW38
Wallace St, Clyde. G81	17	AX21
Wallace St, Pais. PA3	44	AU31
Wallacewell Cres, G21	24	BX24
Wallacewell Pl, G21	24	BX24
Wallacewell Quad, G21	24	BY23
Wallacewell Rd, G21	24	BW24
Wallneuk Rd, Pais. PA3	44	AV32
Walls St, G1	15	BT30
Walmer Cres, G51	49	BL31
Walnut Cres, G22	23	BT24
Walnut Cres, (Camb.) G72	83	CH41
Walnut Pl, G22	23	BT24
Walnut Pl, (Udd.) G71	71	CS36
Walnut Rd, G22	23	BT24
Walter St, G31	52	BX30
Walton Ct, (Giff.) G46	77	BL43
Walton St, G41	63	BN37
Walton St, (Barr.) G78	73	AY42
Wamba Av, G13	20	BG21
Wamba Pl, G13	20	BG21
Wanlock St, G51	34	BJ29
Warden Rd, G13	19	BF22
Wardhill Rd, G21	24	BW24
Wardhouse Rd, Pais. PA2	58	AS38
Wardie Path, G33	55	CH30
Wardie Pl, G33	55	CH30
Wardie Rd, G33	55	CH30
Wardie Rd, G34	41	CJ29
Wardlaw Av, (Ruther.) G73	66	BX38
Wardlaw Dr, (Ruther.) G73	66	BX37
Wardlaw Rd, (Bears.) G61	23	BH20
Wardrop St, G51	34	BJ29
Wardrop St, Pais. PA1	44	AU33
Ware Path, G34	55	CJ30
Ware Rd, G34	55	CH30
Warnock St, G31	11	BU29
Warren St, G42	64	BR36
Warriston Cres, G33	39	BZ29
Warriston Pl, G32	54	CD30
Warriston St, G33	38	BZ29
Warroch St, G3	13	BP30
Washington Rd, Pais. PA3	31	AV29
Washington St, G3	13	BQ30
Waterfoot Av, G53	61	BE37
Waterford Rd, (Giff.) G46	77	BK42
Waterhaughs Gdns, G33	24	BZ22
Waterhaughs Gro, G33	24	BZ22
Waterhaughs Pl, G33	24	BZ22
Waterloo La, G2	14	BR30
Waterloo St, G2	13	BQ30
Water Rd, (Barr.) G78	73	AY42
Water Row, G51	34	BJ29
Waterside Gdns, (Camb.) G72		
Waterside Pl, G5	51	BT33
Waterside St, G5	51	BT33
Watling St, (Udd.) G71	70	CN37
Watson Av, (Ruther.) G73	65	BV38
Watson St, G1	15	BT31
Watson St, (Udd.) G71	85	CP40
Watt Av, G33	27	CH24
Watt Low Av, (Ruther.) G73	65	BV39
Watt Rd, G52	46	BB30
Watt St, G5	13	BP31
Waukglen Av, G53	75	BD43
Waukglen Cres, G53	75	BE42
Waukglen Dr, G53	75	BD42
Waukglen Gdns, G53	75	BD42
Waukglen Pl, G53	75	BD42
Waukglen Rd, G53	75	BD42
Waulkmill Av, (Barr.) G78	74	AZ41
Waulkmill St, (Thornlie.) G46	76	BG41
Waverley Ct, (Both.) G71	85	CQ43
Waverley Dr, (Ruther.) G73	66	BY38
Waverley Gdns, G41	63	BN36
Waverley St, G41	63	BN36
Weardale La, G33	40	CE29
Weardale St, G33	40	CE29
Weaver St, G4	15	BT30
Weaver Ter, Pais. PA2	45	AW34
Webster St, G40	52	BW34
Webster St, Clyde. G81	18	BA21
Wedderlie Dr, G52	47	BC32
Weensmoor Rd, G53	74	BC40
Weighhouse Cl, Pais. PA1	44	AU33
Weir Av, (Barr.) G78	73	AY43
Weir St, Pais. PA3	44	AU32
Weirwood Av, (Baill.) G69	55	CH33
Weirwood Gdns, (Baill.) G69	55	CH33
Welbeck Rd, G53	75	BD40
Welfare Av, (Camb.) G72	82	CF41
Wellcroft Pl, G5	50	BR33
Wellfield Av, (Giff.) G46	77	BK42
Wellfield St, G21	37	BV25
Well Grn, G43	63	BL37
Wellhouse Cres, G33	54	CG30
Wellhouse Gdns, G33	55	CH30
Wellhouse Path, G34	55	CH30
Wellhouse Rd, G33	41	CH29
Wellington La, G2	13	BQ30
Wellington Pl, Coat. ML5	57	CS32
Wellington St, G2	14	BR30